张 良

从复仇者到帝王师

赵松 著

辽宁人民出版社

© 赵松 2022

图书在版编目（CIP）数据

张良：从复仇者到帝王师 / 赵松著 . — 沈阳：辽宁人民出版社，2022.3
ISBN 978-7-205-10377-4

Ⅰ.①张… Ⅱ.①赵… Ⅲ.①张良（？ - 前186）—传记 Ⅳ.① K827=341

中国版本图书馆 CIP 数据核字（2021）第 265200 号

出版发行：辽宁人民出版社
　　　地址：沈阳市和平区十一纬路 25 号　邮编：110003
　　　电话：024-23284321（邮　购）　024-23284324（发行部）
　　　传真：024-23284191（发行部）　024-23284304（办公室）
　　　http：//www.lnpph.com.cn
印　　刷：北京长宁印刷有限公司天津分公司
幅面尺寸：145mm×210mm
印　　张：6.5
字　　数：110 千字
出版时间：2022 年 3 月第 1 版
印刷时间：2022 年 3 月第 1 次印刷
责任编辑：赵维宁
助理编辑：段　琼
封面设计：乐　翁
版式设计：一诺设计
责任校对：郑　佳
书　　号：ISBN 978-7-205-10377-4
定　　价：39.80 元

序　言

有这样一个人，外貌美如女子，却有震惊天下的勇气；

有这样一个人，曾是满腔杀气的复仇者，后来却成为运筹帷幄的帝王师；

有这样一个人，摆脱"伴君如伴虎"的铁律，始终得到开国之君的信任，成为历代政治家和读书人的人生范式……

他，就是张良！

张良生在战国末年，其祖先五代相韩。秦灭韩国后，张良深藏对秦国的仇恨，走上了反秦复仇的道路。他在博浪沙狙击秦始皇未果，逃亡至下邳时遇黄石公，得《太公兵法》。秦末农民战争中，张良聚众归刘邦，为其主要智囊。楚汉战争中，张良提出不立六国后代，联结英布、彭越，重用韩信等策略，又主张追击项羽，歼灭楚军，为刘邦完成统一大业奠定坚实基础。刘邦称赞他"运筹帷幄之中，决胜千里之外"。张良成为西汉的开国帝师。

在汉初三杰中，只有张良得以善终。他慧眼如炬，修得胸中沟壑,炼成腹里乾坤,有着超凡绝伦的智和勇,进能屡出奇计救汉王和汉朝于危难之中,游刃有余地游走于政治旋涡中;退能功成不受爵大隐于朝,从容身退寿终正寝,不愧为两千年来公认的"谋圣"。本书就带领读者见识"谋圣"张良的精彩人生。

目 录

序言……001

第一章　博浪刺秦……001

第二章　圯桥奇遇……012

第三章　群雄逐鹿……022

第四章　君臣际会……038

第五章　佐策灭秦……050

第六章　谏主安民……063

第七章　鸿门斗智……075

第八章　烧绝栈道……086

第九章　计定三秦……097

第十章　下邑之谋……106

第十一章　画箸阻封……116

第十二章　虚抚韩信……125

第十三章　穷寇猛追……135

第十四章　劝都长安……146

第十五章　谏封叛臣……156

第十六章　明哲保身……167

第十七章　帝王之师……177

第十八章　后世影响……187

附录……200

后记……202

第一章

博浪刺秦

张良
——从复仇者到帝王师

两千多年前,当20多岁的司马迁第一次在大汉帝国的皇家档案库房里看到张良的画像时,太史公有些失望地说了一段话:

余以为其人计魁梧奇伟,至见其图,状貌如妇人好女。盖孔子曰:"以貌取人,失之子羽。"留侯亦云。

在司马迁的心中,那个让他敬佩神往的汉朝开国谋臣兼帝师,一定是一副伟岸大丈夫模样。结果看到张良本尊"照片",并不是相貌魁梧奇伟之人,他的长相用现在的话来说,有点"娘"。

"以貌取人,失之子羽"是一个典故,出自《史记·仲尼弟子列传》,意思是不能根据外貌来判断人品质能力的好坏。大教育家孔子有许多弟子,其中有一个名叫宰予的,能说会道,利口善辩,刚开始给孔子的印象不错,但后来渐渐地露出了真面目:既无仁德又十分懒惰;大白天不读书听讲,躺在床上睡大觉。为此,孔子骂他是"朽木不可雕"。孔子的另一个弟子,叫澹台灭

第一章　博浪刺秦

明，字子羽。子羽的体态和相貌很丑陋。孔子开始认为他资质低下，不会成才。但他学习期满回去后就致力于修身实践，处事光明正大，为人大公无私。后来，子羽外出游历，跟随他的弟子有三百人，声誉很高，各诸侯国都传诵他的名字。孔子听说了这件事，感慨地说："我只凭言辞判断一个人品质能力的好坏，结果对宰予的判断就错了；我只凭相貌判断一个人品质能力的好坏，结果对子羽的判断又错了。"

同样，司马迁也知道自己对张良外貌的认识有点儿"草率了"。因为，同是20多岁的少年，当司马迁只能对着史书向往英雄时，张良已经开始酝酿筹划惊天之举了。

公元前250年，张良出生于颍川（今河南禹州）一个显赫的贵族世家，从张良的爷爷开始，老张家就是韩国的宰相世家。祖父张开地，连任三朝宰相；父亲张平，继任两朝宰相。《三国演义》里袁绍是"四世三公"，张良比袁绍还牛，他家父祖两代担任丞相辅佐了五世韩王。据记载，张良家光仆从就有三百多人。

留侯张良者，其先韩人也。大父开地，相韩昭侯、宣惠王、襄哀王。父平，相釐王、悼惠王。悼惠王二十三年，平卒。卒二十岁，秦灭韩。良年少，未宦事韩。

张良
——从复仇者到帝王师

一句话，张良是个官N代。

按照这个趋势，不出意外，张良也要接班当宰相。

偏偏意外发生了！

因为张良生活的时代，韩国已经衰落，秦国崛起了。

秦国地处西陲，原为关中地区的一个小国，春秋时期远较中原地区各诸侯国落后，春秋各国中原会盟称霸时，秦国常被排斥于外。但自秦孝公起励精图治，任用商鞅变法革新，废除旧奴隶主贵族特权和世卿世禄制度，逐渐建立起中央集权的封建统治国家，经济发展迅速，国力蒸蒸日上，军队装备精良，战斗力强，对内实行"奖军功，教耕战"，对外则连横而战诸侯国。秦将司马错又南并汉中、巴蜀，北灭义渠、陇西，占领了广大地区。秦将白起率军攻陷楚国都城郢，击溃赵魏联军于华阳，歼灭赵军于长平，中原地区的大片河山几乎都在秦国的控制之下。

经过春秋战国数百年来长期的争霸、兼并，天下逐渐向统一的方向发展。秦国"奋六世之余烈"，到了秦王嬴政即位时，东方六国都已衰落，唯独秦国越来越强。李斯向嬴政上书指出：秦国已具备了统一天下的条件，六国实际上已降到秦的郡县的地位了。秦国统一天下已成不可逆转之势。

第一章　博浪刺秦

韩国本来就是三晋中最弱的一方。到韩桓惠王时，韩国就已臣服于秦国。秦王嬴政初年，韩国的疆域更加缩小，只剩下都城阳翟与其周围10多个中小城邑，基本上已经名存实亡了。

公元前238年，秦王嬴政开始亲政，李斯、尉缭协助嬴政制定了统一全国的战略。

秦灭六国的战略有两个内容：一是"灭诸侯，成帝业，为天下一统"。秦王嬴政采纳了尉缭破六国合纵的策略，"毋爱财物，赂其豪臣，以乱其谋"，从内部分化瓦解敌国。二是继承历代远交近攻政策，确定了先弱后强、先近后远的具体战略步骤。李斯建议先攻韩赵，"赵举则韩亡，韩亡则荆魏不能独立，荆魏不能独立则一举而坏韩、蠹魏、拔荆，东以弱齐燕"。

这一战略步骤可以概括为三步，即笼络燕齐，稳住楚魏，消灭韩赵，然后各个击破，统一天下。在这种战略方针指导下，统一战争开始了。

韩国在七国中为最小，而所处地位却最重要，它扼制秦国由函谷关东进的道路。秦要并灭六国，必须首先灭韩国，因而形成了秦韩两国间的连续战争。公元前230年，嬴政为了彻底灭亡韩国，派内史腾率兵再度对韩进攻，韩军无力抵抗，内史腾指挥秦军攻克韩都，俘虏韩王安，把所得韩地改为颍川郡。这样，六国之中韩国最先灭亡。

从公元前230年灭韩到公元前221年灭齐结束，共计10年的时间，秦国先后消灭韩、赵、魏、楚、燕、齐六国，结束了自春秋以来长达500多年的诸侯割据纷争的局面，建立了中国历史上第一个君主中央集权国家。

韩国灭亡的时候，张良在20岁左右，他失去了继承父亲事业的机会，也丧失了显赫荣耀的地位，国破家亡让他在骨子里对秦国充满了仇恨。

韩破，良家僮三百人，弟死不葬，悉以家财求客刺秦王，为韩报仇，以大父、父五世相韩故。

张良是经历国难家仇以后，对于韩国的留恋愈益执着，对于先祖的怀念愈益深厚，他内心深藏对于秦国的仇恨，一心一意要为韩国复仇，甚至张良的弟弟死了，他都没心思去安葬。

张良走上了反秦的道路。

他开始策划一个刺杀计划，刺杀目标就是秦始皇嬴政。

刺杀行动是一项系统工程。它需要情报的收集分析、实施人员的挑选、刺杀武器的选择、刺杀时机的把握、撤退路线的计

第一章　博浪刺秦

划，等等。

张良散尽家财，满世界寻找能人异士，希望可以一击即中。

这一找就找到了朝鲜半岛。

当时朝鲜半岛上基本还是原始蒙昧状态，但已经有了国家的雏形，其中有一个地方叫秽国。

这个地区在汉代的时候被划为沧海郡，所以司马迁就用"沧海君"来称呼秽国的国王。

张良找到这里是有目的的。

因为韩国灭亡的时候，有些韩国人为了躲避战乱逃到了这里，他们自称韩人，和当地的土著逐渐融合。

张良见到了沧海君，共同制订了刺杀行动计划。

在沧海君的推荐下，张良找到了一个合适的人选——沧海力士。

沧海力士可能是韩国人，也可能是辽东当地的土著。

秦始皇很难接近，而且护卫森严。

导引传呼，使行者止，坐者起。四人执角弓，违者射之，乘高窥瞰者亦射之。

就是说，谁不听话，格杀勿论。

因为近身刺杀难度大，所以张良选择了远程攻击的办法。

工欲善其事，必先利其器。他为沧海力士打造了一个重达120斤的大铁锤。

按照秦朝的度量衡计算，当时的1斤大概相当于现在的半斤，所以这个铁锤的重量大约有30公斤。

从远程攻击的角度来讲，应该是一个类似链球的东西。

张良带着大力士回到了国内，派人到处打探秦始皇出行的行踪。公元前218年，张良得到了秦始皇东巡并会经过博浪沙（在今河南省原阳县）的情报。

张良和沧海力士早早埋伏，静候车队出现。

博浪沙的地理位置优越，路面沙丘起伏，秦始皇的车队经过时速度就会减慢，可以藏在沙丘上居高临下，发动突然袭击，而且北面是黄河，南面是官渡河，芦苇丛生，便于隐蔽和逃跑。

庞大的车队如期而至，前面鸣锣开道，紧跟着是马队清场，黑色旗帜的仪仗队走在最前面，车队两边，护卫前呼后拥。

按照礼制，"天子驾六，卿驾四"。即秦始皇所乘车辇由六匹马拉，朝廷大臣乘的车由四匹马拉。

张良的刺杀目标是六驾马车。

第一章　博浪刺秦

但是，让张良没想到的是，秦始皇为了保证自己的安全，学乖了，早早地做了准备，把所有车辇都改为四驾，每辆都是由四匹马拉，并且充分运用"狡兔三窟"的小伎俩，准备了多辆副车，时不时地换乘座驾，短时间内判断哪辆车上坐的是秦始皇几乎是不可能的。

箭在弦上，不得不发！

张良不想浪费这么一个大好的机会，他选择了一辆看上去最为豪华的马车，向沧海力士发出攻击指令。

在他的示意下，大力士犹如现代的掷铁饼运动员，原地旋转了两圈，呼的一声，120斤的大铁锤离手，在空中划出一道优美的弧线，不偏不倚，准确无误地命中了张良指定的目标。

不得不说，这个大力士太厉害了！

大铁锤呼啸着从高处坠落，顿时把豪华马车砸了个稀巴烂。车内传来一声惨厉的尖叫声，现场一片混乱。

秦皇帝东游，良与客狙击秦皇帝博浪沙中，误中副车。秦皇帝大怒，大索天下，求贼甚急，为张良故也。

然而，秦始皇并不在这辆马车上，因此幸免于难。

大铁锤虽然没有砸中秦始皇,却把他统一功业的洋洋自得之心,击得粉碎。

谁能想到,自荆轲之后,始皇帝嬴政面临的最惊险的一次袭击,竟然出自那个"状貌如妇人"的张良之手。秦始皇大怒,下令全国缉捕刺客。可是,张良早就按照既定的逃跑路线顺利脱身了。因为无从查起,这事后来不了了之。

博浪沙刺秦一事因此天下皆知。

在秦始皇的一生中,共遇到过三次大的刺杀。第一次是凶险异常的荆轲图穷匕见刺秦,第二次是有惊无险的高渐离筑击刺秦,第三次便是此次精心谋划的张良博浪沙锤击刺秦。

荆轲刺秦动静很大,在刺秦之前就有为了保密田光自杀、为了接近秦始皇樊於期献头的壮烈事件,又有易水送别的慷慨悲歌,再加上图穷匕见的近身搏杀。

高渐离与张良的刺杀行动就简单得多,也冷清得多,既没有那么复杂的情节,也没有那么悲壮的气氛或激烈的场面,让人觉得"小巫见大巫"。

但是,在前面有多人行刺的情况下,还要鸡蛋碰石头一样地去刺杀已经拥有天下的最高统治者,其艰难程度可想而知。虽然没有成功,但张良给了秦始皇危险一击。

第一章 博浪刺秦

　　荆轲和高渐离都是做了有死无生的打算。唯有张良，在行刺失败后成功逃脱，并且逃过秦始皇"大索天下"的追捕。由此可见，如果没有超人的谋略，张良是不可能顺利逃脱的。至于沧海力士的下落，史料上没有提到，是安全脱逃辗转回到朝鲜，还是大战秦军护卫力尽被杀，都已无从探究了。我们希望他也能和张良一样顺利脱身。

　　一次震惊天下的刺杀事件，成就了博浪沙这个地方和张良的名望。

第二章

圯桥奇遇

第二章　圯桥奇遇

博浪沙行刺失败,秦始皇毫发无损,这是张良最不愿意听到的消息。

现在他成了全国第一号通缉犯,真的是有家难奔,有国难投。于是,张良改换姓名,开始了逃亡生活。

大城市风声紧,张良在朋友的帮助下,逃到了下邳隐藏了起来。

良乃更名姓,亡匿下邳。

下邳在今江苏省睢宁县古邳镇,因战国时期齐威王封邹忌为下邳的成侯而得名。这里自古便是兵家必争之地,名胜古迹和人文旅游资源丰富。三国时刘备、曹操和吕布在此明争暗斗,吕布就是在下邳被曹操缢死,关羽也是在此地投降了曹操;东晋葛洪曾在此炼丹;南朝宋的开国皇帝刘裕在此担任邳州太守跻身实力派;李白留下"我来圯桥上,怀古钦英风"的名句;陈毅元帅途经写下"夜走泗宿道,晨过废黄河,下邳解鞍马,煮酒醉颜酡"

的诗篇。奚仲开国、宋襄筑城、圯桥进履、季礼挂剑、邹忌封邑、刘备屯军、曹操擒布等历史典故均发生于此。

下邳民风淳厚，人口流动不大，最主要是穷乡僻壤，消息闭塞，是个极好的藏身之所。大丈夫能屈能伸，张良学得乌龟法，得缩头时且缩头，隐匿于下邳城内。

等缉捕的风声过了以后，张良又不消停了——他利用自己祖上积攒下来的财富，在下邳成立了一个组织，专门收拢各路"豪杰"，行侠仗义，打抱不平。

（良）居下邳，为任侠。项伯常杀人，从良匿。

因此，张良在下邳城内，并非足不出户，而是常常走向街头。就是此时，他结识了项伯。项伯是楚国大将项燕的后人，是后来西楚霸王项羽的叔父。在楚亡之后，项伯犯了杀人命案，被官府追捕得很急，也躲藏下邳城。

项伯与张良的逃亡不同。张良是在进行周密的准备后进行刺杀行动，在行动前就已经详细规划了逃亡路线和藏身地点，而且张良的资金准备充足，能够较好安排个人生活。项伯逃亡过程中很匆忙，逃亡路线的规划也只是临时安排，所以逃亡时很

第二章　圯桥奇遇

落魄。

遇到张良，成了项伯一生的一个转机。

张良长于规划，做事有非常明确的计划性、目的性，有能够在短时间内找到主导偶发事件向着利于自己方向发展的能力。这是一个不可多得的人才，更难得的是他有强大的亲和力，而且长于人脉的建设。

项伯犯了死罪，向张良求救。这件事也可能是张良探知了项伯的身世，他利用自己在下邳建立的人脉关系和充足的资金力量，给予了项伯必要的支持和帮助，并提供了秘密的隐匿地点，使项伯安然地躲过了追捕，直到后来风声渐息。

这种救命之恩，作为项伯来讲，是必须要回报的一种感情预支，而且这种感情远远超出了生命之外，进入了下意识的状态。

事实证明，项伯后来对张良的回报正是在这种下意识的状态下完成的，没有任何思考，不计任何后果。项伯是一个讲义气的人，他这种所谓的义气，是一种极莽撞的行为，甚至改变了后来整个楚汉争霸的方向，使项羽失去了取得天下的绝佳战机。对于项羽来讲，项伯堪称"千古罪人"。

营救项伯，可以看出张良在人脉建立上的强大能力。他为自

张良
——从复仇者到帝王师

己储存的人脉基础，在后来的征战里，不仅为自己赢得了活命的机会，还为自己施展才华、建功立业创造了良机。张良为后世提供了储存人脉基础的一种范式，启示我们任何一种善意的行为，都可能是自己以后的助力。

张良在下邳每天过着优哉游哉的生活，直到遇上那个神秘老头，改变了张良的人生轨迹。

一天，张良在下邳圯水桥上散步，走过来一个穿着灰色粗布衣服的老头，老头虽然看起来苍老却很有精神。他走到张良的面前，故意把一只鞋子丢到了桥下，对张良说："孺子，我的鞋子掉下桥了，你下去帮我把鞋子捡上来。"张良饱读诗书，知道"孺子"是对人的蔑称，而且还是去拾一只臭鞋。张良是韩国贵族出身，从来没有做过这种事，更没有人使唤过他，这明明是在侮辱自己。张良非常生气，真想揍这老头，但又看老头这么一大把年纪了，可能是自己不能下去，便强忍着怒气，跑下桥去把鞋子捡了上来。

张良把鞋子递给老头，正准备转身离开，这时老头又说："小伙子，我的另一只鞋子也掉下去了，你再下去帮我捡起来。"张良站了许久，心想："算了，他再怎样也是老人家。"随即，张良又到下面去把另一只鞋也捡了上来，轻轻地把鞋子放到老者的脚

第二章　圯桥奇遇

边。

但是，这个老头却提出了更过分的要求，他让张良把鞋子给他穿上。张良心想，既然已经捡上来了，穿一下倒也没什么，就擦干净鞋上的泥，一条腿跪下来，恭恭敬敬地给老头把鞋穿在脚上。老头笑了笑，也不道一声谢，拄起手杖就走了。

张良呆视良久，只见那老头走了一段路，又返回桥上，对张良赞叹道："孺子可教矣。"并约张良五日后的早上再到桥头相会。张良不知道老人葫芦里卖的什么药，但还是恭敬地跪地应诺。

良殊大惊，随目之。父去里所，复还，曰："孺子可教矣。后五日平明，与我会此。"良因怪之，跪曰："诺。"

到了五天后的早上，张良早早起床，匆匆赶去桥上，却发现那天遇到的老头，早已在桥上等候了。老头对张良说："年轻人，你怎么迟到了。五日后的早上再来吧。"

张良回去之后，暗下决心，下次一定要比这老头早到。又过了五天，公鸡一打鸣，张良就出发赶到了桥上，不料那老头又先到了。老头对张良说："与老人相见，竟然又迟到，这样怎么可以成大事！五日后再来吧。"

张良是韩国贵公子，对于守时这种事情格外重视。张良下定决心，下次一定比老头早到，绝不迟到。用现在的话说就是，守时是对自己的尊重，也是对别人的尊重。

又过了五天，张良刚过半夜就从家里出发了，摸黑来到桥上等候老人。过了一会儿，老头也来了，这次他笑着对张良说："年轻人就应该这样，想成就一番事业，一定要对自己严格要求才可以。"

老头从怀中拿出一本书交给张良，并叮嘱道："这本书，你回去好好研读，将来一定能够成为帝王之师。熟读此书，十年之内定然能够功成名就。十三年后，若想见我，济北谷城山下的黄石，即是老夫的化身。"

张良谢过老头，回去一看，这本书名为《太公兵法》（也有人说是《素书》）。张良是一个文人，他深知"知识改变命运"的金科玉律，所以，在得到《太公兵法》后，曾经一心想要报仇的张良，竟然消停了十年。他潜心研读《太公兵法》，从中掌握了用兵之道。后来，张良成了汉高祖刘邦的主要谋士，为刘邦建立汉朝立下了汗马功劳，正应了老人的那句话：十年内，必然功成名就。

第二章　圯桥奇遇

张良遇到的这位老人，就是黄石公。

黄石公，即圯上老人，生卒年约为公元前292年到公元前195年，秦汉时期下邳人，被道教纳入神仙谱系。黄石公的具体身世无人得知，有人认为是司马迁杜撰，也有人认为是民间传说被司马迁采撷入史来描写夸大，总之黄石公是一个神秘的世外高人。

张良始终未忘记黄石公的恩情，十三年后他路过济北时，在谷城山下看到有块黄石，便把它取回，称之为"黄石公"，视作珍宝，在家中供奉起来。待到张良去世后，家人便把这块黄石与张良埋葬在了一起。

这就是张良"圯桥进履、圯上受书"的故事。故事的真实性已经不可考，而且有很多令人生疑的地方，例如，血气方刚的张良为什么会忍气吞声地替老人拾取鞋子？为什么老人再三为难一个刚见面的年轻人？黄石老人与《太公兵法》真有其事吗？

司马迁在《史记》中写下的这个故事，看似只是为了给伟大人物增添神奇色彩，但其实却有很多值得玩味的东西。

首先，从时间上看，"圯上受书"发生在张良历经失败后的逃亡时期。其次，从细节上看，"圯上受书"事件之后，张良行事风格与之前大相径庭。"圯上受书"看似一个传奇故事，实际上却是张良成长路上的一道分水岭，将他从一个热血复国的青年蜕变为一个以天下为己任的谋略家。

张良的出身，完全不同于刘邦、萧何、陈平、韩信等人。后者世代布衣，属于无产阶级群众阵营，若是在太平盛世，大概无非就是刀笔小吏、贩夫走卒之流。张良不同，他出身显赫，从他父亲往上数，两代人做了五朝韩国丞相。在这样一个家族的熏陶下，即便张良幼年丧父，却从骨子里拥有当时一般人所不具备的家国情怀，以及非同凡人的理想抱负。年幼的张良耳濡目染，深深影响到了他"谋天下"的大格局和谋略观。

张良在30岁之前，他的主要工作就是两个字"报仇"。刺杀失败让他清醒地认识到，依靠自己的力量推翻大秦帝国的统治是不现实的，他必须依靠更强大的力量。于是他在逃亡路上四处结交朋友。同为大秦帝国压迫下的亡国贵族青年，便是最好的结交对象，这其中就包括因杀人而被迫四处躲避的楚国贵族项伯。

"圯上受书"故事发生的时间，正是在他第一次复仇失败的逃亡路上。因此，与其把"圯上受书"作为一个故事来看，不如把它作为张良人生的一个里程碑。从这时开始，那个满腔热血、

第二章 圯桥奇遇

想凭一己之力报仇的张良渐渐冷静了,一个隐忍而背负使命,寻找机会谋定天下的张良正式踏上历史舞台。

从一个国破家亡的恐怖主义者,到一个权谋满腹的战略家,这也许是张良十年流亡生涯中最大的改变!

第三章 群雄逐鹿

第三章 群雄逐鹿

秦始皇兼并六国统一天下后,为解除北方游牧民族匈奴的威胁,命大将蒙恬率30万大军北击匈奴。为防止匈奴南下,又命蒙恬征发几十万民夫在燕、赵、秦长城基础上,修筑了西起临洮(今甘肃岷县)、东到辽东的万里长城。为了开发南方,秦始皇命大将屠睢和赵佗率50万大军,发动了征服岭南越族的战争。秦始皇在渭河南岸修建极其豪华的阿房宫(又名朝宫,阿房为其前殿名),每年动用民工70多万人。阿房宫可以容纳10万人,在里面运送酒菜要用车和马才行,仅一个前殿的面积就达到了东西长693米,南北宽116米,台基高达11.65米,上面可以坐万人。秦始皇还从各地征调了几十万囚犯和民夫,历时9年,大规模修造陵墓。

秦始皇对匈奴和南越用兵,大规模修筑长城、驰道,兴建宫殿、陵墓,耗费了大量的人力和财力,百姓徭役和赋税繁重,累死病死者不计其数。

丁男被甲,丁女转输,苦不聊生,自经于道树,死者相望。

公元前210年七月，秦始皇死于第五次东巡途中的沙丘宫（今河北广宗），终年49岁。

七月丙寅，始皇崩于沙丘平台。

秦始皇死后，赵高、李斯在沙丘宫经过一番密谋，假托秦始皇发布诏书，由胡亥继承皇位。同时，还以秦始皇的名义指责扶苏不孝、蒙恬不忠，让他们自杀。在得到扶苏自杀的确切消息后，胡亥、赵高、李斯这才命令车队日夜兼程，返回咸阳。

由于暑天高温，秦始皇的尸体已经腐烂发臭。为遮人耳目，胡亥一行命人买了许多鲍鱼装在车上，鲍鱼的味道掩盖了尸体的腐臭味。回到咸阳后，胡亥继位，是为秦二世。赵高任郎中令，李斯依旧做丞相。

秦二世继位后，继续修建秦始皇陵。陵墓开得很大很深，工匠把大量的铜熔化了灌下去铸地基，上面盖了石室、墓道和墓穴。秦二世又命工匠在陵墓里挖成江河湖海的样子，灌上了水银，然后把秦始皇葬在那里。为了防备将来可能会有人盗墓，命工匠在墓穴里装了杀人的设备，最后残酷地把所有工匠全都埋在

第三章　群雄逐鹿

墓道里，不让一个人出来。

秦始皇陵墓还没完工，秦二世又大量征发全国民夫，继续建造阿房宫，征调5万士卒来京城咸阳守卫，同时让各地向咸阳供给粮草，而且禁止运粮草的人在路上吃咸阳周围三百里以内的粮食，必须自己携带粮食。

当时，秦朝全国人口不过2000万，前后被征发去筑长城、守岭南、修阿房宫、造骊山陵墓和其他劳役的老百姓，合起来差不多有二三百万人。同时，秦朝还制定严刑酷法，使人民动辄触犯刑律，一人犯法，亲戚邻里都要连坐。

李斯劝秦二世胡亥停建阿房宫，减少一些徭役。秦二世正与宫女宴饮作乐，见李斯上书十分恼怒，下令将他逮捕入狱。李斯在狱中多次上书，都被赵高扣留。赵高借机说李斯与其儿子李由谋反，对李斯严刑拷打，刑讯逼供。李斯被迫承认谋反，于秦二世二年（前208年）七月被腰斩于咸阳。赵高升任丞相，独揽大权，他指鹿为马，结党营私，征役更加繁重，法政更加苛暴。

秦朝统治者对人民群众横征暴敛、残酷压迫，远远超出社会所能承受的限度，人民生活在水深火热之中，社会矛盾全面激化。

劳罢者不得休息，饥寒者不得衣食，亡罪而死刑者无所告诉。

李斯临死前已看到了秦必亡的气息："今反者已有天下之半矣，而心尚未寤也，而以赵高为佐，吾必见寇至咸阳，麋鹿游于朝也。"秦朝的气数，在胡亥与赵高的统治下，丧失殆尽。

公元前209年七月，秦朝廷征发900个贫民去渔阳（今北京密云县西南）戍边，陈胜、吴广为戍边队伍的领队，他们走到蕲县大泽乡（今安徽宿州东南）为大雨所阻，无法按期到达。按照秦朝律法规定，凡征发戍边兵丁，不按时到达指定地点者，一律处斩。

在这生死存亡的危急关头，陈胜决定谋划起义。当天夜里，陈胜悄悄找吴广商议。吴广、陈胜虽然结识不久，但已是无话不谈的朋友。陈胜对吴广说："这里离渔阳还有上千里路程，怎么也无法按期走到渔阳了，我们现在的处境，去也是送死，逃亡被抓回来也是死，与其都是死，还不如选择为国家而死，干一番大事业。"

陈胜接着又对时局进行分析："天下人已经苦于秦朝统治很

第三章　群雄逐鹿

久了，老百姓对秦王朝的苛捐赋税、募役刑罚已经到了难以忍受的程度。我听说秦二世胡亥是秦始皇的小儿子，本不应继位，该继位的是长子扶苏，扶苏贤能，却被秦二世无故杀害了。还有一位名人叫项燕，曾是楚国名将，战功卓著，又爱护士兵，很受人爱戴。现在老百姓并不知这两个人是生是死，我们何不以他们的名义号召天下人起来反抗秦朝的暴政呢？"吴广很佩服陈胜的胆略，觉得他的主意符合当时的人心，完全支持陈胜"死国""举大计"的决定。

古时候盛行预测吉凶的宗教迷信活动。陈胜和吴广经过一番谋划后，又专门找了一个算卦的卜问吉凶。算卦的很聪明，知道了他们的用意，便说："你们的事业能成功，能为百姓立大功。你们把事情向鬼神卜问一下吧。"陈胜、吴广听后非常高兴，并从卜者的话中悟出了假借鬼神来让大家信服的启示。

于是，他们用朱砂在一块绸帕上写了"陈胜王"三个大字，塞到渔民捕来的鱼肚子里。戍卒们买鱼回来吃，发现了鱼腹中的丹书绸帕，都觉得惊奇。与此同时，陈胜又让吴广潜伏到营地附近一座荒庙里，半夜里在寺庙旁点燃篝火装作鬼火，模仿狐狸声音，大声呼喊："大楚兴，陈胜王！"正在睡梦中的戍卒们被惊醒，都感到惊恐害怕。第二天，戍卒们交头接耳，都指指点点地看着陈胜。陈胜平时就待下属热情和气，戍卒们把陈胜的形象跟复兴楚国联系在一起，陈胜在戍卒们心中的威望就更高了。

吴广见时机基本成熟，于是趁两个押送戍卒的将尉喝醉，故意扬言逃跑，以激怒两个将尉。喝得醉醺醺的两个将尉果然大怒，责骂和鞭打吴广，引起士兵们不满，群起而攻之。吴广奋起夺下一名将尉的佩剑，将其杀死，陈胜也乘势杀了另外一名将尉。

随后，陈胜把900个戍卒召集在一起，大声说道："我们在这里遇上了大雨，已不能按期抵达渔阳了，而误了期限，大家都要被斩杀，即便侥幸不被砍头，戍守边塞十之六七的人也要送命。再说好汉不死便罢，要死就要取得大名声啊！王侯将相难道是天生的贵种吗？"

王侯将相，宁有种乎。

陈胜铿锵有力的一番话，说出了大伙的心声，戍卒们对秦朝的满腔怨恨和愤怒如同冲溃堤坝的洪水奔泻而出，齐声高呼："我们愿听从您的号令！"

于是，大伙在陈胜、吴广带领下，袒露右臂作为标志，筑坛

第三章　群雄逐鹿

盟誓，按事先谋划，诈以秦始皇长子扶苏、楚将项燕的名义号召群众反秦。陈胜自立为将军，吴广为都尉，一举攻下大泽乡，迅速攻下蕲县县城。

中国历史上第一次大规模的农民起义爆发了。

起义军推举陈胜为王，在陈县（今河南淮阳）建立张楚政权。陈胜分兵数路，四处进军，扩大革命政权的影响。陈胜任命吴广为假王，率军西击荥阳，命武臣、张耳、陈馀北攻赵地，邓宗南征九江，周市夺取魏地。

张楚政权的建立，促进了全国范围内反秦斗争的高涨，各地农民纷纷杀官吏，响应陈胜。光是楚地几千人聚集在一起起义的，就多得不计其数。起义不到三个月，赵、齐、燕、魏等地方都有人打着恢复六国的旗号，自立为王。

陈胜派出周文率领起义军向西进攻，很快就攻进关中（函谷关以西地区），逼近秦朝都城咸阳。秦二世惊慌失措，派章邯去镇压起义军，并把在骊山做苦役的囚犯、奴隶放了出来，编成一支军队，向起义军反扑。原来的六国贵族各自占据自己的地盘，谁也不去援救起义军。周文的起义军孤军作战失败，吴广在荥阳被部下杀死。这年十二月，章邯大破陈胜军，陈胜在逃跑的路上被车夫庄贾杀害，庄贾带着陈胜的首级去向秦军邀功请赏。

张良
——从复仇者到帝王师

章邯击败陈胜后,因为起义军不知陈胜的生死,所以陈胜的部下将领秦嘉拥立楚国王室后裔景驹为代理楚王,定都彭城(今江苏徐州),继续抗秦,后来转战留县(今江苏沛县东南)。

陈胜吴广起义虽然失败了,但是,早已被秦二世与赵高压迫已久的六国人民群众纷纷揭竿而起、云集响应,其中以项梁、项羽叔侄和刘邦领导的两支军队力量最强。

项梁,下相(今江苏宿迁)人,楚国贵族后代,他是楚国名将项燕之子,项羽的叔父。项燕被秦将王翦在灭楚的战斗中杀掉。秦始皇平定全国之后,项梁带着项羽到会稽郡的吴中(今江苏苏州)一带避难。项羽小的时候,项梁教他读书写字,他学了几天,就再也不肯学了。项梁问他为什么不学,他说:"学会写字,只能记个名姓而已,有什么用?"

项梁想,这孩子看来不喜欢学文,就教他练武吧。于是项梁便教他学剑。项羽学了几天剑,把剑扔在一边,又不肯学了。项梁生气了,说:"读书写字你不肯学,剑术你也不肯学,你到底要学什么?"

项羽说:"学会剑术,只能对付一个人,有什么用处?我要学会能战胜成千上万人的本领!"

项梁听了这话,不但没有生气,反而暗暗欢喜,从此就开始

第三章　群雄逐鹿

教项羽兵法。项羽这下高兴了，就跟着叔父学起了兵法。可是他生性浮躁，学了个大概，又不肯学下去了。项梁知道他是这般性格，便只好随他去，不再多管他。

秦始皇巡游会稽的时候，项羽已是23岁的壮汉，身长八尺，力壮如牛，能把一只大鼎举过肩膀，而且才智过人。虽然是逃亡到吴中的外来户，但当地人的子弟都很怕他。项梁带着项羽去看秦始皇渡江，项羽看了一阵，很不服气地说："皇帝不就是这么个样子嘛，我也可以取而代之！"项梁急忙捂住他的嘴，低声呵斥："不得胡说！被官府知道，要诛灭全家的！"然后匆匆忙忙把项羽拉回家中。从那之后，项梁就觉得这个侄儿不是平常之辈。

项梁自己也当过楚军的将官，是见过大世面的人，来到吴中不久就结识了不少朋友，当地的知名人士都很崇拜他，很愿听他的话。他暗地里以领兵打仗的办法来组织人员，分派任务，每次都把事情办得井井有条。

公元前209年九月，项羽在项梁的指示下杀死会稽郡太守殷通，并连杀殷通部下近百人，整个郡府上下都吓得趴倒在地，没有一个人敢起来。项梁召集原先所熟悉的豪强官吏，向他们说明起事反秦的道理，于是就发动吴中之兵起事。项梁派人去接收吴中各县，共得精兵8000人。又部署郡中豪杰，派他们分别做校尉、侯、司马。于是，项梁做了会稽太守，项羽为裨将，去巡行占领下属各县，势力很快壮大起来。

刘邦的出身不像项羽那么高贵，他原本是一介草民。刘邦出生于沛县丰邑（今江苏徐州丰县）中阳里，长得额头高高隆起，鬓角和胡须很漂亮，左边大腿有72颗黑痣，宽厚仁爱，性格十分开朗，平时不拘小节。

刘邦长到20多岁，还无所事事，不学无术，很少下地干活，经常找一些趣味相投的狐朋狗友喝酒吹牛，典型的啃老一族，所以常被父亲训斥，说他不如自己的哥哥刘仲会经营。后来刘邦在统一天下之后，还拿此事和老爹刘太公开玩笑："您看我和二哥刘仲到底谁创下的基业大？"

人们都认为刘邦没有大志，但刘邦依然我行我素。刘邦仰慕魏国公子信陵君无忌的为人，很想投入信陵君门下。于是西行至大梁（今河南开封），但信陵君已死，信陵君原来的门客张耳也召纳门客，于是刘邦投到张耳门下，两人结成知己。不久，魏国灭亡，张耳成为秦廷通缉犯，门客各自都散去了，刘邦就回到了沛县老家。

秦灭楚后，秦朝在沛县设立泗水郡，又在当地设置泗上亭，

第三章　群雄逐鹿

交友广泛、熟悉当地情况的刘邦被推荐当上了泗上亭的"亭长"。

所谓"亭",是政府在交通要道上设立的一级行政机构,主要负责接待路过辖区的过往公务人员、商旅、公文传递,兼管当地治安,相当于招待所兼派出所所长。

这是一个芝麻官,没有品级,刘邦缺乏政治才干,啥也不懂,更遑论政绩了,但亭长好歹是个基层公务员,也算是铁饭碗,勉强能养家糊口,所以刘邦将就着干了下去。

刘邦的妻子是吕公的女儿吕雉。吕公和家乡的人结下冤仇后到沛县定居,因为沛县县令和他是好友。在刚刚到沛县时,很多人便听说了他和县令的关系,于是人们来上门拜访,拉拉关系,套套近乎。

刘邦听说了也去凑热闹,当时主持接待客人的是在沛县担任主簿的萧何,他宣布了一条规定:凡是贺礼钱不到一千钱的人,一律到堂下就座。刘邦虽然没带一个钱去,却对负责传信的人说:"我出贺钱一万!"吕公听说了,赶忙亲自出来迎他。一见刘邦器宇轩昂,与众不同,就非常喜欢,请他入上席就座。

吕公这个人,喜欢给人相面,看见刘邦的相貌就非常敬重他。刘邦一看吕公敬重自己,更不客气了,干脆就坐到上座去,一点儿也不谦让。酒喝得尽兴了,吕公向刘邦递眼色让他留下来，刘邦喝完了酒，就留在后面。吕公说："我从年轻的时候就喜欢给人相面，我看没有谁能比得上你的面相，希望你好好努力。我有一女愿意许给你做妻妾。"吕老太太不大愿意，对吕公说："你起初总是想让这个女儿出人头地，把她许配给个贵人。沛县县令跟你要好，想娶这个女儿你不同意，今天你为什么随随便便地就把她许给刘邦了呢？"吕公说："你们女人家懂什么？"最后还是把女儿嫁给了刘邦。这就是后来大名鼎鼎的吕后。

秦帝国经常从全国各地征发民夫，修建长城、阿房宫、骊山陵墓等，刘邦作为亭长，经常带领着从沛县征发的民夫，千里迢迢赶赴咸阳服徭役。有一次，刘邦恰巧碰见了秦始皇出行，威严的仪仗，豪华的排场，让没见过世面的刘邦十分羡慕嫉妒恨，不禁感叹道："看人家这排场！大丈夫就该这样，才不枉此生啊！"

刘邦在当时只是一个名为公务员，实则社会上的小混混，所以他也只能这样发发感慨、做做梦了。由于刘邦缺乏政绩，又没有关系背景，所以在基层干了十几年，还是一个亭长，不知不觉就到了40多岁。

后来的某一年，刘邦又接到一个任务，押送一批正在沛县服刑的刑徒和强征的民夫，再次赶赴咸阳修建骊山陵墓。

这一次，一向积极的刘邦却犯了难，因为秦朝实行严刑峻

第三章　群雄逐鹿

法，横征暴敛，导致穷苦百姓"聚众为盗，群盗满山"，全国形势已经十分混乱。可上方有命，又不得不从，刘邦只好打起精神来，踏上了熟悉的征途。

刚刚上路不久，刘邦就遇到了大麻烦，他还没走出沛县辖区，就发现有些刑徒半路逃跑了。

按照秦朝律法，凡是有刑徒民夫逃亡，负责押送的人都要处以重刑，看目前这个逃跑速度，等到了咸阳，刑徒民夫都得全跑光，刘邦的脑袋是绝对保不住了。

刘邦想了一个晚上，终于下定决心：横竖要死，干脆当一回好汉，把所有人都放了。所以，当他走到芒砀山时，就停下来饮酒，趁着夜晚把所有的刑徒民夫都放了。刘邦说："你们都逃命去吧，从此我也要远走高飞了。"做出这个决定，意味着刘邦已经丢掉了铁饭碗，走上了反抗暴秦的道路。

而刘邦放的那些押送的刑徒民夫，有一部分人不愿意离开刘邦，他们无家可归，又担心官府追杀，于是拥戴着刘邦逃到了芒砀山（今河南永城）的密林中。刘邦乘着酒意，夜里抄小路通过沼泽地，让一个人在前边先走。

走在前边的人回来报告说："前边有条大蛇挡在路上，还是回去吧。"刘邦已醉，说："大丈夫走路，有什么可怕的！"于是，刘邦赶到前面，挥剑把大蛇斩成两截。这就是历史上著名的芒砀山斩白蛇起义的典故。

道路打开了，队伍继续往前走了几里，刘邦醉得厉害了，就躺倒在地上睡觉。后边的人来到斩蛇的地方，看见有一老妇在暗夜中哭泣。有人问她为什么哭，老妇人说："有人杀了我儿，我在哭他。"有人问："你的孩子为什么被杀呢？"老妇说："我儿是白帝之子，变化成蛇，挡在道路中间，如今被赤帝之子杀了，所以哭。"众人以为老妇人是在说谎，正要打她，老妇人却忽然不见了。后面的人赶上了刘邦，刘邦醒了。那些人把刚才的事告诉了刘邦，刘邦心中暗暗高兴。那些追随刘邦的人都畏惧他了，逐渐聚起了一支100多人的队伍，隐藏在芒砀山中。

陈胜、吴广率领起义军建立张楚政权以后，各地纷纷响应。这时，沛县县令也想响应起义，萧何和曹参当时为沛县吏，他们劝县令将本县流亡在外的人召集回来，一来可以增加力量，二来也可以杜绝后患。县令觉得有理，便让樊哙去邀请刘邦。刘邦当时已拥数百之众。然而此时沛县县令又后悔了，害怕刘邦回来不好控制，弄不好还会被他所杀，等于引狼入室。所以，他命令关闭城门，并准备捉拿萧何和曹参。二人闻讯赶忙逃到了城外，刘邦闻此，于是将一封信射进城中，鼓动城中百姓起来杀掉出尔反

第三章　群雄逐鹿

尔的县令，大家一起保卫家乡。

百姓对平时就不体恤他们的县令很不满，杀了县令后开城门迎进刘邦。萧何、曹参都是文吏，担心身家性命，深恐举事不成，被秦朝诛灭九族，就竭力推举刘邦。大家推举他为沛公，领导大家起事。刘邦便顺从民意，设祭坛，立赤旗，自称赤帝子，很快义军扩充到三千人。刘邦由此也投入到轰轰烈烈的秦末农民大起义中。

陈胜吴广起义后，天下乱成一团。蛰居了十年的张良，也意识到属于自己的时机终于到来了，他的夙愿是推倒秦朝的暴政，帮助韩国复仇。于是，张良也在下邳聚集了一百多人，扯起了反秦的大旗。

第四章

君臣际会

第四章　君臣际会

如同周文王渭水河畔访姜子牙、刘玄德三顾茅庐访诸葛亮一样，张良在留县（今江苏沛县东南）遇见刘邦，都是历史上有名的君臣际遇的故事。

张良原本是独立起事的，这是他第一次带兵，虽然斗志昂扬，四处攻伐，却处处碰壁，无一胜绩。张良省悟了，自己根本就不是当造反头头的料。他深感势单力孤，根本无法和秦国的大军抗衡。于是，他带领着自己的一众小弟，准备前去投靠楚王景驹的反秦队伍。

而此时，发生了丰邑雍齿叛乱事件。刘邦带领军队进行平叛，久攻不下，还重病一场。刘邦此时心里恨透了雍齿和丰邑的百姓背叛他，听说秦嘉拥立了景驹做了新楚王，决定去投奔旁边的景驹并借兵，夺回自己的老巢丰邑。刘邦在行军途中，碰到了另外一个也想要投奔景驹的人——张良。

景驹自立为楚假王，在留。良欲往从之，道还沛公。沛公将数千人，略地下邳西，遂属焉。

张良
——从复仇者到帝王师

张良和刘邦从不同地点出发，前往共同的终点，竟然正巧在留县境内不期而遇了。两人一见如故，越谈越投机，张良被刘邦的气质折服，张良给刘邦讲解《太公兵法》，刘邦脑子活，每次都能领悟和采纳张良的谋略。于是，张良果断地改变了投奔景驹的主意，决定跟从刘邦，做他的部将。刘邦的识人、驭人之术，是公认的一流。

良数以太公兵法说沛公，沛公善之，常用其策。良为他人者，皆不省。良曰："沛公殆天授。"故遂从之，不去见景驹。

刘邦打眼一看就知道，张良是个大才，绝对不能让他走了，于是他充分发挥自己的人主天赋，把张良收编了。

虽然后来张良因恢复韩国的夙愿，曾两次离开刘邦，但最终还是帮助刘邦打败项羽，成为西汉开国功臣。

张良早在第一次见面就已心有所属。

两人的第一次见面，到底发生了什么事？

第一次见面，张良眼里的刘邦：

这是一个有远大目标的人。

第四章　君臣际会

素有传闻,刘邦腿上有七十二颗黑痣,乃赤帝之子的化身,芒砀山斩白蛇起义,冥冥之中为灭秦之人。张良今亲眼所见,果然非同凡响,认为他一定是那个推翻暴秦的人。

这是一个有见识的人。

刘邦年轻的时候崇尚信陵君那样礼贤下士、为国为民的君子,想去追随信陵君,只是还没到大梁,信陵君就去世了,因此只好投奔张耳。后来回到沛县,广结英豪,远近闻名,颇有豪侠之风。早年游历经历,刘邦的见识自然相比沛县一干屠夫小吏要广阔得多,他是见过大世面的。

张良第一次见刘邦,折服于他的见识,也由于自己多年游侠生涯,自然对刘邦也惺惺相惜,建立起个人认同感。

这是一个有务实精神的人。

起义时的刘邦由几百人的队伍,发展到现在已有几千人马,一看就是务实干大事的架势。而张良回望自己,以刺客方式终究难以成大事,个人创业难度太大,只有改变路线方针,加入组织一起干革命,发挥自己的谋略之术。

刘邦这个组织务实,有目标、有追求,值得追随。

这是一个被上天厚爱的人。

张良得到《太公兵法》,研究了很久,才逐渐弄懂,但是跟

张良
——从复仇者到帝王师

别人谈起兵书，别人完全不懂，然而跟刘邦谈起这本书来，刘邦能轻松理解并可以举一反三，张良惊为天人，曰："沛公殆天授。"

一个人得上天如此厚爱，有这么好的悟性，肯定能干大事，于是张良就打消了前去投靠景驹的念头，选择跟着刘邦干大事。

这是一个态度谦恭的人。

对于一个谋士来说，最要紧的就是，他选择的东家能够听得进去他的意见。

张良这次并不是要去投靠刘邦，而是在投靠别人的路上碰见了刘邦，但因为两个人谈得比较投机，于是他当即决定改投刘邦的门下。如果刘邦是一个听不进去谋士之言的自大之人，相信张良也不会想投奔这样的主公。可以想象，刘邦与张良第一次见面交谈甚欢，态度谦恭，给张良留下美好的印象。

第一次见面，刘邦眼里的张良：

这是一个有目标有情怀的人。

张良年少的时候，韩国就灭国了，可他还在继续搞暗杀秦始皇的行动。对张良来说，钱财权力都不是他追求的目标，他的目标是推翻暴秦、恢复韩国，然后辅佐韩王。张良的决心是很大的，这一点刘邦深信不疑。

这是一个有胆有识的人。

第四章　君臣际会

张良习文学武，有勇有谋，以推翻暴秦为目标，不惜冒着灭九族的风险，策划刺杀秦始皇的行动。虽然行动失败，但张良仍然聚集起一百多人的队伍继续寻找机会，将反抗进行到底，刘邦正是需要这样有胆有识的人。

这是一个有大才的人。

张良失去了国家与家庭，但并没有消沉下去，反而激发了他的斗志，白天更加勤奋地读书，晚上更加刻苦地练剑，成为一位有谋略有大才的人。刘邦相信：张良的才能就如同装在袋子里面的夜明珠，等待释放出耀眼的光芒。

这是一个有贵族气质的人。

张良的祖父是韩国的重臣，曾侍奉韩国三代国君。他的父亲，竭尽心力侍奉了韩国最后两位国君。这样一位名副其实贵族出身的人，无疑是现在这支革命队伍中比较欠缺的，可以明显提升队伍的气质属性。

第一次相遇，刘邦和张良两人，就这样看对眼了。我们赞叹刘邦的运气和识人之能，也赞叹张良临时起意的决定。面谈之间，彼此打量、评估，才有了这风云际会，在恰当的时候出现恰当的人。

有人懂得知遇之识，有人懂得择木而栖。

张良
——从复仇者到帝王师

作为士人，深通韬略固然重要，但施展谋略的前提则是要有善于纳谏的明主。这次的不期而遇，张良转投明主，说明他在纷繁复杂的形势中有着清醒的头脑和独到的眼光。从此以后，张良深受刘邦的器重和信赖，聪明才智有机会得以充分发挥。

张良在路上碰到刘邦之后，便一起出发投奔景驹，然而计划赶不上变化，当他们赶到留县的时候，楚王景驹与大将秦嘉已经被项梁的部队所杀了。

原来，公元前208年，项梁率领的江东子弟兵已经打到了彭城（今江苏徐州）西面，楚王景驹、将领秦嘉驻军彭城东面，两军相遇。秦嘉虽然拥立了景驹做楚王，但实际上是拥兵自重，所以，项梁想要除去此人。项梁对部下说："陈胜首先起事，作战不利，不知去向。现在秦嘉背叛楚王陈胜而拥立景驹，实属大逆不道！"便率军攻打秦嘉。

两军交战，项梁手下大将、鄱阳湖大盗出身的英布，非常勇猛，他身先士卒，率兵渡过淮河奋击秦嘉的军队，先后在两次大战中杀得秦嘉大败，并最终把秦嘉和他所拥立的楚王景驹给杀了。

虽然张良的加入，使刘邦的队伍壮大了，但是跟项梁比，还差得远。于是，刘邦与张良一商量，立刻将原本投奔景驹的计划

第四章　君臣际会

改成前来攻打景驹，顺势一起加入项家军。就这样，刘邦也归入了项梁的队伍。

而项梁在见到刘邦这个年近半百的老头，听了他的来意之后，项梁十分重视，出手大方，立刻给了刘邦五千兵马和十多名将领，让刘邦去夺回丰邑。刘邦捡到了这样一个大便宜之后，赶忙一把鼻涕一把泪地宣誓效忠，然后便率军去夺取丰邑了。

秦嘉和景驹死了之后，其部众归降了项梁。项梁在完成对秦嘉与景驹部下的收编整顿后，所率领的队伍已发展壮大到六七万人，声威大震，便想要领军向西与秦军正面交锋。而此时的秦军主将章邯，已经率领大军北上，开始对魏国发动进攻。

公元前208年六月，项梁获悉陈胜确已遇害的消息，便召集楚国各地起义军首领至薛县（今山东滕州东南）为陈胜发丧，并以楚国盟主的名义，共同商议如何推翻大秦统治，重建楚国。

这时，谋士范增对项梁说："陈胜的失败是必然的。当初秦灭六国，我们楚国是最受冤枉的，因为秦楚两国原本战事就不多，甚至长期是盟友，可秦国最终还是灭了楚国。自从楚怀王当年被秦昭王骗入秦国软禁起来，最终客死异乡，楚人至今都还为怀王之难而感到悲伤。因此有高人说：'楚虽三户，亡秦必楚。'陈胜率先起事，不立楚王的后人，而自立为楚王，所以他的势力难以保持。如今您从江东起事，楚国的将领蜂拥而起都来依附您，凭借着您世世代代都是楚国大将的身份，也只有您才能重新迎立楚国的后人了。"

项梁发现拥兵自立称王的时机还没有到，于是他听取了范增的意见，在民间找到楚怀王之孙熊心，仍立为楚怀王。项梁自号武信君。

张良不忘复兴韩国的理想，就趁机劝说项梁："您已经立了楚国的后代，而原来韩国的诸公子中以横阳君韩成最为贤能，可以立他为韩王，以便更多地树立党羽，共同推进反秦大业。"

君既已立楚王为后人，而韩王诸公子中的横阳君成最贤，可立为王，借以多树党羽。

早在下邳之际，张良和项氏兄弟之间便有恩情友谊，因而项梁一口应承。

项梁听从了张良的意见，派他去找到韩成，立其为韩王，并任命张良为韩国司徒，相当于丞相。就这样，在张良的努力下，韩国终于实现了复国。

项梁又给了他们君臣一千多兵马，让他们往西去恢复韩国旧

第四章　君臣际会

地。

韩国有了新的君主，张良自然不会继续待在刘邦身边，因为他恢复韩国的念头战胜了对刘邦的追随。就这样，张良与刘邦的合作并没有持续太久，匆匆与刘邦告别，他要回到家乡，继续着父祖们的工作，辅佐韩王成恢复他心心念念的韩国故地。

看着张良离去，刘邦的心里很不舍。张良对刘邦也并不是没有感情，毕竟是自己投靠过的人，一起打过仗，刘邦还无比信任和器重自己，这可是知遇之恩，会永远记在心里的。

公元前208年九月，项梁在东阿（今山东阳谷东北）击败了章邯的军队，领兵西进，等到达定陶（今山东定陶）时，再度打败秦军。项羽、刘邦又在雍丘（今河南杞县）与秦军交战，大败秦军，斩杀了李斯的儿子、三川郡守李由，项梁于是更加轻视秦军。这时秦二世调动全部军队增援章邯，章邯于定陶击败楚军，项梁兵败被杀。

此时，刘邦、项羽仍在攻打陈留（今河南开封东南），而陈胜旧部吕臣驻守张楚旧都陈县（今河南淮阳），均位于定陶西南边，形势严峻。项羽为稳定军心，保卫怀王，抵御秦军，急忙移师东归，并请楚怀王北上迁都彭城（今江苏徐州），吕臣也觉得形势危急，弃守陈县，投奔楚怀王。

楚国形势一片危机，但是秦将章邯犯了一个很大的错误，他认为已斩杀楚军主帅项梁，楚国大势已去，已不足为虑，北方的赵国现在是最大的威胁，于是率领20万秦军北上攻打赵国去了。

章邯退兵，楚国正面军事压力暂时消退，楚怀王松了一口气，这既是挑战，又是机遇。于是他开始亲理楚国军政事务，重整各部军事力量，果断收了项羽和吕臣两支部队，由自己直接统率，同时借机培植提拔自己的亲信宋义。

公元前208年闰九月，章邯击败赵军，攻占赵都邯郸（今河北邯郸）。赵王歇、赵相张耳由信都（今河北邢台）退守巨鹿（今河北平乡）。章邯以王离部20万长城军团围困巨鹿，自率20万人屯兵巨鹿南，修甬道（两侧有土墙的通道）补给王离军。无奈之下，赵王派使者向各国诸侯求援，赵将陈余、燕将臧荼、齐相田都等先后率军到达巨鹿外围，但大家都畏惧章邯强大的秦军，作壁上观，不敢出战。巨鹿守军兵疲粮少，危在旦夕，赵王歇急忙派人向楚国求救。

为避免反秦武装被秦军各个击破，楚怀王派两路大军伐秦，一路以宋义为上将，项羽为次将，率军六万北上救赵，以解巨鹿之困；另一路以刘邦为主将，进攻秦国都城关中。原本项羽不愿北上救赵，更愿与刘邦西行入关，但楚怀王认为"项羽为人慓悍,独沛公素宽大长者,可遣",没有答应项羽的要求,而只派刘邦西行攻秦。

为了激励楚军斗志,楚怀王发表了著名的政治宣言,许诺谁先攻下关中,就封谁为关中王。

第五章

佐策灭秦

第五章　佐策灭秦

韩国的政治名号恢复了,张良"复韩"的目的终于达到了,他竭尽全力辅佐韩王成。

然而,理想很丰满,现实很骨感。韩王成和张良率军攻下的韩国故地的数座城池,很快就被秦朝的军队夺回,张良盼望的一呼百应的局面没有发生。韩王成和张良只得在颍川郡一带打游击,迟迟未能开创局面。恢复对韩国故地的统治彻底失败。

以良为韩申徒,与韩王将千余人西略韩地,得数城,秦辄复取之,往来为游兵颍川。

这是张良的第二次带兵打仗。可见张良并不擅长统兵派将,具体战术层面的东西非其所长,他的能力更多体现在战略层面。攻城略地是项羽、韩信、英布等人的专长,但在宏观战略布局上,他们都远远不及张良,正所谓"尺有所短,寸有所长"。

张良再一次认清了自己:不但不是当一把手的料,也不是带兵打仗的料。

张良
——从复仇者到帝王师

此后，张良的"复韩"理想之火，逐渐熄灭。张良在韩国故地遭遇的尴尬，直到一年以后刘邦到来才算得以摆脱。

公元前207年四月，刘邦的军队打到颍川郡，遇到了打游击的韩王成和张良。韩王成和张良便与刘邦会合了。

他乡遇故知，刘邦自然十分欣喜。在这个时候，刘邦手下并不缺乏良将，樊哙、卢绾等汉初勇将皆在军中。但刘邦手下缺乏能够参谋军机、算无遗策的谋士。

刘邦和他的一众沛、丰将领，其出身、背景以及见识都相差无几，由这些沛、丰同乡所构成的领导团队，成员间的凝聚力比较强，但容易出现的问题就是同构性严重。刘邦是亭长，萧何是县吏，曹参是狱掾，樊哙是屠户，这一群人的知识储备、智商以及见识没有太大差别。所以，在刘邦集团中，没有人能够在思维方式和战略见识上为刘邦提供更大帮助，这些人能想到的，刘邦也能想到。

但是张良则不同，他的出身背景、知识储备、人脉资源以及早年经历，与刘邦等人是完全不同的，张良这些内在素质正是乱世中所亟须的。所以，张良是能够真正帮助刘邦的人。

于是，刘邦便开始挖墙脚，对张良说：韩国已经复国，你的梦想也已实现，可是，秦王朝不灭，韩国依然是寝食难安！

第五章　佐策灭秦

刘邦亲自找韩王成,要借调张良协助他入关。韩王成当然同意,就让张良代表自己护送刘邦一同攻秦。

刘邦的这套说辞让张良无法拒绝,为了完成反秦大业,张良决定跟刘邦入关。这样,张良就顺水推舟地又回到了刘邦的旗下。

刘邦请韩王留守韩国故都阳翟(今河南禹州),而让张良随军南下。有了张良的辅佐,刘邦如鱼得水,如虎添翼,带领军队在韩国故地攻城略地。

> 沛公之从雒阳南出轘辕,良引兵从沛公,下韩十余城,击破杨熊军。沛公乃令韩王成留守阳翟,与良俱南,攻下宛,西入武关。

此时,秦国章邯的主力大军还在赵国与项羽对峙,正在河内(今河南沁阳)打游击战的赵国将领司马卬眼看老家被围而无能为力,心中打起了小盘算:楚怀王说先入关者为王,自己何不也去试试?

此时的刘邦刚到洛阳,碰到了钉子,过不去了。得知司马卬有意渡过黄河南下入关,刘邦急了:关中是我的,你也敢来抢功？于是，他撂下洛阳，带着人赶到黄河边上，封锁了西进必经的黄河渡口，并烧毁了所有的渡船。

刘邦在入关中的路上画了一条红线：这条线以内都是刘邦的势力范围，倘若司马卬敢越雷池一步，那就要掂量掂量自己的分量。

在阻断了司马卬的西进之路后，刘邦继续他攻取关中的计划。眼看洛阳城久攻不下，刘邦很着急，在张良的建议下，索性放弃洛阳，重新选一条入关之路。

从哪儿走呢？张良伸手在地图上一指：南阳！刘邦二话不说，带着队伍直奔南阳。

南阳是大郡，地盘大，兵马多，这块骨头不好啃。南阳郡守不想和刘邦拼消耗，就撤退到了宛城（今河南南阳）以图保存实力，然后再断刘邦的后路。

刘邦啃了半天也没啃下来，急得都上火了，听闻项羽在巨鹿打败了王离，正在跟章邯对峙呢，如果被项羽赶上了，那关中地区的归属权就跟自己没关系了。

刘邦不敢碰这硬茬，就打算从宛城绕过去，继续向西进攻关中地区的南大门——武关。

只要过了武关，咸阳便触手可及了。就在刘邦准备放弃宛城

第五章 佐策灭秦

时，张良再一次出场了，他告诉刘邦：宛城地理位置非常重要，往西可经武关直达关中，往北可经鲁关直达洛阳，往南经武当山和桐柏山的南襄隘道，可达襄樊平原，向东南可达江淮流域，自西周到秦王朝，都是军事要道。你就是再着急，也不能绕过宛城啊。要是不拿下宛城就进攻武关，极有可能出现腹背受敌的境况，到时候我们可就死无葬身之地了。

刘邦一听，如梦初醒，对啊，万一我走了，宛城的守军从背后偷袭我，不就惨了吗？

刘邦马上调转马头星夜回师宛城，天拂晓时已将宛城团团围住。

见刘邦反应过来了，张良又给他一个小提示：更换旗帜！刘邦不解其意。张良告诉他：很简单，制造错觉！刘邦恍然大悟。

宛城内，神经紧绷了好几天的将士们好不容易放松下来，难得开怀聚饮，结果第二天早上一醒来，发现城外又来了一支军队，将自己包了饺子。

这下子城里的守军绝望了，南阳郡太守内心也崩溃了，这刚走一拨，又来一拨，这样僵持下去，最先玩完的肯定是自己。于是，拔出剑就要自杀。关键时刻，一个叫陈恢的人拦住了他，说这事儿还没到最后一步呢，我去跟刘邦谈谈。

南阳郡守问他,我们都已经被包饺子了,你能有什么办法?陈恢微微一笑,山人自有妙计!

当天晚上,陈恢偷偷溜下城墙,去见刘邦:我听闻楚怀王有个承诺,先入关中者为王。而如今,您停下来围攻宛城,我认为不妥。刘邦说,那你的意思是?陈恢说,宛城以及南阳郡诸县,共有数十座城池攻守联防,南阳军民以为战也死,降也死,如果您全力强攻,大伙儿一定会拼死抵抗,战事必将拖延很久。您如果绕道西去,宛城守军必定会紧跟尾随。到时候,前有守军,后有追兵,西进恐怕就难了。我有个主意,不如您宽待南阳军民,封赏南阳郡守,让他继续驻守南阳,然后整编宛城军队,带着他们一起西入关中。如此一来,南阳境内诸县军民听闻您来了,必定会争相投奔,到时候您的关中之路必将畅通无阻了!

和平拿下宛城,这当然是最理想的解决方案。作为一名政治家,刘邦深知人设的重要性,西征之路艰难重重,一路上有数不清的城池关口,要想顺利通关,难度系数相当大。只有展现自己仁义和爱民的一面,才能让周边的百姓放下戒备心理,敞开怀抱欢迎自己。也唯有如此,才能减少西征路上的阻力。

双方都很满意,一拍即合。于是,南阳郡郡守打开城门,迎接刘邦入宛城。刘邦也遵守承诺,入城后秋毫不犯,接受官印,

第五章　佐策灭秦

收编军队，给民众留下了美好的印象。

在那个动辄人头滚滚、血流成河的战争年代，刘邦的做法与坑杀 20 万秦军的项羽形成了鲜明的对比。

宛城和平收编的消息，一时之间传遍了南阳郡大小城邑，不少人纷纷来拜刘邦的码头，自愿给他当小弟。刘邦到了丹水县，守城官员出城投降；刘邦到了湖阳县，守军立即开城投降。刘邦所过之处，从不掳掠，深得民心，不仅兵力迅速壮大，粮草也得到了补充。

公元前 207 年八月，项羽在巨鹿破釜沉舟，大败秦军，俘虏了王离，迫降了章邯，坑杀秦军 20 万。大秦已是风雨飘摇，岌岌可危。

九月，刘邦率军攻破武关（今陕西省商洛县西南丹江北岸），北上峣关（今陕西商州西北）。峣关自古以来都是关中通往南阳盆地的交通要隘，也是拱卫咸阳的最后一道关隘。此处地势险要，易守难攻，可谓"一夫当关，万夫莫开"，是兵家必争之地。咸阳近在咫尺，刘邦恨不得马上与秦军作最后一战，打进咸阳，坐上"关中王"的宝座。

刘邦率领大军攻破了武关的消息传到咸阳后，胡亥大发雷霆，寝食难安，他派使者质问赵高："丞相不是总说关东盗贼不能成气候吗？今天怎么到了这种地步？"赵高听后，知道二世对自己产生了怀疑与不满。

刘邦为了早日攻克咸阳，派人暗中与赵高联系，希望赵高能作内应。赵高担心胡亥知道后祸及自己，便称病不上朝，私下里暗算着趁乱夺位之事。于是，他秘密与弟弟赵成和女婿阎乐商议对策，制订了弑君政变的计划，由咸阳令阎乐率领手下士兵装扮成山东农民军攻进了望夷宫（今陕西省咸阳市东北泾河南岸），逼迫胡亥自杀了。

赵高弑杀秦二世后，手持传国玉玺坐在龙椅上，而皇族和大臣都不下拜。赵高知道众人不支持自己篡位称帝，只好立子婴为傀儡皇帝，是为秦三世。当时六国复立，皇帝称号名不副实，子婴降尊号为秦王。

常言说"善恶终有报"，没过几天，秦王子婴就设下圈套，诱杀了赵高。之后，子婴灭了赵高三族，这就是大奸臣的下场。

面临刘邦军队的迅速到来，秦王子婴作垂死挣扎。虽然此时的秦国已经走到了穷途末路，但瘦死的骆驼比马大，剩余的兵马数量还是在刘邦之上。秦王子婴遣大将韩荣率重兵把守峣关。

刘邦自从砀郡出兵开始，一路跌跌撞撞打到峣关，攻宛城、下武关，都是凭借了张良的计谋和起义军发展的大好形势。刘邦

第五章　佐策灭秦

这时全部军队也就两万来人，远没有项羽的兵精锐。怎么用两万人打败峣关的秦军，是个棘手的问题。

守峣关的大将韩荣，利用地势优势和兵精粮足，不为形势所动，听说刘邦率军来到，就放出话说："刘邦要攻打峣关入咸阳，除非把脑袋留下。"刘邦听了很生气，决定集中两万军队，强行攻取峣关。

> 沛公欲以兵二万人击秦峣下军。

刘邦唯恐项羽大军先入关中，因而心急如焚，又向张良问计。张良观察了峣关地势，探听了峣关把守情况，劝谏刘邦道："目前秦守关的兵力还很强大，不要强攻。如果强攻，一旦受挫，本来对自己的一片大好形势就会丧失，不如用计谋智取。我听说峣关的守将是个屠夫的儿子，他属下不少将领也都是商人出身，如果派人带着重贿，给他们讲清形势，他们必会见利忘义，那时峣关就唾手可得了。"

于是，刘邦就派谋士郦食其等人带黄金财物，进入峣关，贿赂守将韩荣，还给韩荣进行了一通形势分析及刘邦的仁义主义教育，并告诉了刘邦对他的许诺。

韩荣犹豫再三说:"先生所言有一定道理,可本人食秦之禄已久,怎忍心做背主求荣之事。这样吧,先生先回去,给我三天时间,让我与部下商议,或战或降,再给答复。"

郦食其回到刘邦军中,向刘邦汇报了游说情况。张良觉得韩荣已上钩,有机可乘,就让刘邦在关前两边山上和路边,遍插旗帜,多增灶食,以作疑兵,要做出5万人的阵势,以震慑敌军,同时,让刘邦安排将士,做好攻关准备。

郦食其走后,韩荣与众将领商议是战是降之事。大家听了意见不一,有的主张抵抗到底,誓死报答秦国;有的认为大势已去,主张开关投降。由于意见分歧很大,争论不休,战和未定,防守也就松懈下来。

三天后,郦食其再次见韩荣,韩荣告诉他,众将意见分歧很大,不能开关投降。郦食其就说:"将军对秦王的忠心令人敬佩,将军的处境沛公也能理解。为表示敬意,沛公特命我向将军奉上黄金千两。"韩荣推托,认为两军敌对,不能接受对方馈赠。郦食其坚持要送,韩荣说:"既然先生坚送,我权且收下。还烦先生向沛公转告我的意见,我愿意献关投降。"

郦食其回去后向刘邦汇报,刘邦大喜。但张良却认为不可高兴太早,他冷静地分析道:"这只不过是峣关的守将想叛秦,他

第五章 佐策灭秦

部下的士卒未必服从。如果士卒不从,后果将不堪设想,不如乘秦兵懈怠之机消灭他们。"

刘邦听了张良的计谋,马上命士兵化装成老百姓,从小路绕到关后,放火烧山。又命令樊哙率军在关前鼓噪而进,突然发起袭击,奋力攻关。

韩荣自收了刘邦馈赠,认为刘邦讲信义,双方会相安无事,就整日饮酒作乐,不作防备。当刘邦军攻至关前,韩荣已无力再组织防御,只好弃关而逃。主将逃跑,军心震动,其他将士也跟着纷纷逃跑,留下少量顽抗分子,轻松被拿下。

纵观张良用计的最大特点,就是先礼后兵,先通过贿赂劝说,能顺利投降的更好。拒不投降的,趁敌人松懈之际,给予突然袭击,攻敌于不备,此计屡试不爽。张良正是抓住了人性的弱点,在不知不觉中,就让人进入彀中,只能束手就擒。

刘邦在峣关击败秦军后,带领兵马进至秦国都城咸阳附近的蓝田(今陕西蓝田西)。秦军组织了最后的一点力量,和刘邦的军队在蓝田进行了决战,结果刘邦军大破秦军,秦国最后一道防线被打破。刘邦率领大军继续西进,抵达霸上(今陕西西安东25里)。

公元前207年十月,在位仅四十六天的秦王子婴眼看刘邦大军兵临城下，知道大势已去，便和妻子儿子们用绳子绑着自己，坐上由白马拉着的车，穿上死者葬礼所穿的白色衣服，携带玉兵符，向刘邦请降。

沛公乃引兵击秦军，大破之，遂至咸阳，秦王子婴降沛公。

至此，雄霸四方、威震海内的大秦帝国灭亡了。

刘邦从奉楚怀王之命西进，过阳城，进洛阳，降南阳，克武关，取峣关，到进入关中，迫使子婴投降，历时仅一年。由于采纳了张良的计谋，一路上没有与秦军恶战，免去了攻城拔寨之艰难，从而赢得了时间，终于比项羽抢先一步进入关中。

第六章 谏主安民

咸阳从战国时期开始就是秦国的都城。秦始皇统一六国后，咸阳成为全国的政治、经济、文化、交通中心。这里不仅经济繁荣，交通发达，而且宫殿林立，金碧辉煌。这些宫殿，是秦始皇为了过奢侈的生活，集六国宫殿之精华，在咸阳修建的。著名的阿房宫，规模更是宏大无比，东西长达300余里，宫群遍布于函谷关内外和渭水南北两岸，宫中放置了从各国得来的钟鼓、财宝，美女多得不可胜数。

刘邦早年当亭长的时候，来过咸阳，当时他就被咸阳的繁华气派所震撼，没想到风水轮流转，有一天自己居然会成为这座城市的主宰。

刘邦进入咸阳后，顿时被这些富丽堂皇的宫殿和数不清的珍宝美女迷住了，这里的一切太具诱惑力了。"这全是我的，这全是我的了！"刘邦看着眼前这一切自言自语道，"这不正是自己一直以来梦寐以求的嘛，璀璨的宫殿、极具诱惑的帷帐、堆积成山的财宝、数不清的美女，我想要尽情地享乐，再也不想从秦宫里出来了。"

第六章　谏主安民

不只是刘邦，跟在后面的那帮造反士兵也深深地震惊了。大家都是穷哥们，一辈子见过最繁华的地方估计就是县城了，突然跟他们说这座城市属于你们的了，而且还是座国际化大都市，大家再也忍不住了，全都抢胜利品去了。

可是，刘邦手底下还是不乏有识之士的。

张良面对那么多金钱和美女，不为所动，经受得住这些巨大的诱惑。萧何、樊哙、周勃跟随刘邦征战几年，已经有了更高的追求，他们进入咸阳没有急着去抢东西，而是先维持秩序，稳定社会状况。

尤其是萧何。大家都忙着抢金钱财宝的时候，他去抢官府里收藏的那些书籍图册。在沛县的时候，萧何就是管理这些文书档案的小吏，所以他深知这些资料的重要性。造反以来，他一直都负责后勤补给工作，因此，只要是有关秦朝各地区的人口、户籍、地图等资料，都是他需要的。

这些资料在后来的楚汉争霸中，提供了全国的地理形势、人口密度及其他的详细分布情形，让汉军拥有足够的资源作出详细的战略规划，并且这些资料在日后汉朝建立政治制度和行政规划时，也有很大的益处。这也是刘邦面对项羽总是打败仗，但在坚持四年后，反败为胜的重要因素之一。

这时候，刘邦遇到了一个难题，就是该怎么处置秦王子婴。虽然子婴已经投降，但他曾经是秦国的统治者，代表着残暴的秦国，所以人们对秦国的仇恨都想要发泄在他的头上，刘邦的手下部将对此也是众口如一，嚷嚷着要处死子婴。

这下让刘邦非常犯难，后来刘邦思量再三，还是决定不杀子婴，而是先将他关押起来，等其他诸侯来了再一同商量处置办法。

刘邦认为，楚怀王将西入秦关的机会交给他，就是看中他是个长者。在人们眼中，刘邦是一个宽厚、仁爱的长者，现在如果把子婴杀了，他的人设不就崩塌了吗？子婴都献城投降了，如果还杀了他，太没有道义了。再说，子婴就是一光杆司令，还能掀起什么风浪？所以为了表现出他的气度，刘邦决定先不杀子婴。

话说刘邦入咸阳的时候，此时项羽刚刚收降章邯20万秦军，合兵60万，向函谷关进军。此时，刘邦还沉醉在温柔乡里浑然不觉，他一边搂着美女，一边数着财宝，这感觉真的很爽！

刘邦手下的将领很清醒，他们知道，函谷关外项羽的联军正在逼近，汉军根本就没任何资本能和项羽大军火拼一下，不能再在咸阳待下去了，更不能成为众诸侯的众矢之的，现在还没有实

第六章 谏主安民

力拥有这些。没有实力去占有的东西,就要果断地舍弃。

刘邦的得力干将,同时还是刘邦妹夫的樊哙着急了,但是樊哙是个粗人,讲不出什么深刻的道理,就知道这样下去,对他们不利。于是,他跑到皇宫对着刘邦就一顿嚷嚷:"老大,咱出来是要打天下的,不是窝在这数钱搂美女的,你不能住在这里,赶紧撤出秦宫,我们还是驻扎在灞上去,这种奢华生活,就是天下人对秦朝极为厌恶的原因,你不能这么干。"

刘邦听了很生气,自己辛苦了这么久,好不容易放松放松,正玩得开心呢,樊哙这个大老粗大喊大叫,弄得自己连玩的心情也没了。刘邦骂了樊哙两句,不再理睬他,该干吗还干吗,甚至都懒得看一眼樊哙。

见刘邦听不进樊哙的话,萧何想了想说:"咱跟老大都太熟了,最好找个外人而且又是他很尊重的人去劝说才有用。"

张良就这样去了,三句话就精准地抓住事物的本质,成功劝说了刘邦,解决了重大问题。

第一句:秦王朝荒淫无道,我们才能攻入咸阳,现在我们才刚刚占领关中,你就要开始秦朝的那一套,这叫助纣为虐。

第二句:天下不是你沛公的,还有很多敌人,而且都很强大,这个时候是不是应该低调一点、朴实一点、朴素一点?

第三句：良药苦口利于病，忠言逆耳利于行。听樊哙的话，撤出咸阳，驻扎灞上吧。

夫秦为无道，故沛公得至此。夫为天下除残贼，宜缟素为资。今始入秦，即安其乐，此所谓助桀为虐。且忠言逆耳利于行，毒药苦口利于病，愿沛公听樊哙言。

张良毕竟是知识分子，能言善道，他语气平和，但软中有硬，尤其是话中对古今成败的揭示以及"秦为无道""助桀为虐"等苛刻字眼，隐隐地刺疼了刘邦近乎沉醉的心。

这种紧打慢唱的手法，果然奏效，刘邦突然醒悟了，愉快地接受了这卓有远见的规劝。刘邦想到项羽那巨大而威猛的身影出现在自己眼前，不禁害怕起来，"对啊，最近真是昏了头了，我怎么把项羽给忘了，现在怀王可是说话不算数了，当今老大变成项羽了。现在一切还不是属于我的，我卖命得到的一切其实是这位项羽的。把命留着才能有命花，有命享受啊，别因为这把自己小命给搭上！"

于是，刘邦下令封存秦国宫殿、府库等一切财产，大手一挥，大军退出咸阳，驻军灞上。

第六章　谏主安民

与此同时，刘邦为了恢复关中地区的统治秩序，准备颁布新的管理条例。针对秦国的法律条例不仅严酷，而且数目众多，萧何、张良等人认为应反其道而行之，无为而治最好，就简单地颁布三条条例就可以了，刘邦同意了。

公元前207年十一月，刘邦以关中最高首脑的身份召集咸阳及其附近各地头脑、地方长官来灞上开会。这次会议召开得很成功，刘邦和这些地方豪杰进行了亲切友好的谈话，重申了自己和平友好的方针政策，不会损害在座各位的利益，更不会伤害大家的性命。在双方和平的气氛下，刘邦颁布了三条条例，要求大家都要遵守："第一，杀人者死罪；第二，伤人者抵罪；第三，盗窃者抵罪。原秦朝的法律一律废除，所有官员与行政单位全都保留。"

这就是历史上著名的约法三章。

刘邦的这些措施，受到关中百姓的热烈拥护。他们没想到秦国亡国之后，还能获得如此保障，大喜过望，纷纷奔走相告，都希望刘邦能做关中王。

秦民大喜，争持牛羊酒食，献给军士。

关中父老给刘邦送来酒肉来犒赏军队，刘邦推辞不要，以示自己决不扰民的决心。于是，刘邦仁慈的名声在关中是无人不知、无人不晓，由此奠定了他良好的政治基础。

刘邦依靠约法三章收买秦地百姓民心，收编留守秦军，迅速扩军至十万人。后来，关中地区成为刘邦的根据地，在长达4年多的楚汉战争中，关中地区的人力、物力、财力源源不断地运到刘邦军中，成为刘邦战胜项羽、取得全国胜利的重要因素。

再来详细看看宋义、项羽北上救赵的这一路大军。

公元前207年十一月，宋义率军到达安阳（今河南安阳南），遇到阴雨连绵，起义军缺衣少粮，处于困境之中。同时，宋义害怕秦军人多势众，于是命士兵扎营，逗留46天不敢前进。项羽痛斥宋义的怯懦行为，果断杀了宋义，逼迫楚怀王封他为上将军，并决定立即挥师北上救赵。

十二月，项羽率楚军进抵漳河南岸，与王离的秦军隔岸对峙。他先派英布、蒲将军带领2万精兵渡河，以迅雷不及掩耳之势直奔巨鹿，切断秦军运粮通道。随后，项羽亲率楚军主力渡河，凿沉船只，毁坏炊具，烧掉营舍，每人只带3天口粮，以示

第六章 谏主安民

不胜则死的决心。这就是著名成语"破釜沉舟"的由来。

楚军把王离的军队包围起来,项羽亲自冲锋陷阵,楚军个个勇猛无比,以一当十,九战九胜,活捉秦军主将王离,杀死秦军猛将苏角。外围作壁上观的诸侯军看到形势有利,立刻加入痛打落水狗的行列,巨鹿城的赵军也杀出城外,里应外合,王离的长城军团被全歼,秦将涉间在绝望中举火自杀。曾经攻灭六国、击败匈奴的秦军雄师,就这样烟消云散了。

于是至则围王离,与秦军遇,九战,绝其甬道,大破之,杀苏角,虏王离。涉间不降楚,自烧杀。

章邯一看项羽军勇猛,只得派长史司马欣向秦二世胡亥和赵高请求援兵,但是此时秦国内部发生变故,原本支持章邯的李斯被赵高陷害所杀,赵高想要铲除章邯,故意不见,司马欣害怕了,连夜逃回军中,果然赵高派杀手来寻,但没有追上。

章邯没有等来援军,却等来了治罪的旨意,而粮草已经用尽,司马欣回到军中劝说章邯:"秦二世胡亥昏庸无能,只信任赵高一人,于是赵高得以狐假虎威,甚至想要将手握兵权的章邯陷入死地。如今得胜了会因为赵高的忌惮而被害死,战败了也会死于乱军之中。"

赵高用事于中，将军有功亦诛，无功亦诛。

面对两难的境地，章邯听了司马欣的劝说，率领20万秦军向项羽投降。项羽封章邯为雍王，封司马欣为上将军，统率秦军担当先头部队，巨鹿之战结束。

巨鹿之战铸就了项羽的威名，眼见楚军的英勇善战，诸侯军人人都惊恐不已。打败秦军后，项羽召见诸侯军将领，这些将领进入辕门时，没有一个不是跪着前行的，谁也不敢仰视项羽。项羽成为六国诸侯联军的统帅。

巨鹿之战历时近一年，虽然最终项羽消灭了秦军主力，但也因此耽误了入关中的时间。所以，巨鹿之战结束后，项羽立刻率领大军开往函谷关，此时项羽的联军有60万之众，准备一鼓作气打进咸阳。

六国诸侯联军浩浩荡荡地开赴咸阳。一路上，六国联军像对待奴隶一样对待秦降卒，轻则吆喝，重则打骂，结果使得秦军心有怨言，当这些怨言传到项羽耳朵里的时候，他的第一反应不是安抚，而是屠杀。在项羽眼里，安抚是不需要的，浪费时间和精

第六章 谏主安民

力,还得提防他们以后作乱,秦军害得项羽国破家亡,他对秦国的痛恨不是一天两天了。

当大军走到新安(今河南义马)时,项羽叫来黥布和蒲将军,对他们说:"秦军人数还有很多,他们内心对我们还不服,到关中如果他们不听指挥,那就不好办了,不如把他们都杀了,只留下章邯、司马欣和董翳就够了。"

于是黥布和蒲将军就带领部队趁着黑夜秘密屠杀了20万秦军降卒,并把尸体埋在了新安城南。

这是六国的一次发泄。六国对秦国积累了几十年的怨气在这一刻被完全激发出来,发泄出去。一个人受到憋屈的时候,最想要的便是报复和发泄。发泄完了,痛快淋漓,浑身舒畅,却不会考虑发泄会造成什么样的后果。六国将领不会去考虑,项羽也不会去考虑。

这些秦兵大多数是穷苦出身,也受到过秦二世的压迫和剥削,他们和六国是有着共同的敌人的。敌人的敌人便是朋友。他们在家乡的父老此刻正期盼着六国军队能攻入咸阳,救他们于水火之中。可是现在,项羽却把他们都杀了,这只会把关中地区的老百姓推向项羽的对立面。与此同时,刘邦在关中约法三章,正好顺应了民心,为后来刘邦平定三秦创造了良好的群众基础。

　　项羽发泄完,确实是舒服了,可是却因此而失去了自己的群众基础和政治资本,捡了芝麻却丢了西瓜。

第七章 鸿门斗智

张良
——从复仇者到帝王师

公元前206年十二月，项羽率40万诸侯联军抵达函谷关（今河南灵宝东北），刘邦的10万军队驻扎在灞上。刘邦在得知项羽消灭秦军主力、气势汹汹奔关中而来时，试图搏一下。他命令守军紧闭关门，意图凭借函谷关天险阻碍项羽入关。项羽得知刘邦已捷足先登，攻下咸阳，十分恼怒。谋士范增对项羽言道："沛公此人在家乡时贪财好色，听闻入关后却一反常态，不敛财、不好色，此乃是谋大志之表现，不可小觑！倘若此时不将此人除掉，恐后患无穷！"

范增说项羽曰："沛公居山东时，贪于财货，好美姬。今入关，财物无所取，妇女无所幸，此其志不在小。吾令人望其气，皆为龙虎，成五采，此天子气也。急击勿失！"

很不幸，由于项羽势大，刘邦的队伍先分裂了。刘邦部下曹无伤密告项羽，说："沛公打算在关中称王。"曹无伤做了叛徒，将刘邦的如意算盘告诉了项羽，但是刘邦还一无所知。项羽

第七章　鸿门斗智

大怒，立即命令英布督军强攻，很快攻破函谷关，进驻新丰鸿门（今陕西省临潼区东），要与刘邦决一死战。而鸿门与刘邦驻扎的灞上相距仅40里，双方的兵力又相差悬殊，只要项羽挥军西进，刘邦必败无疑。

项羽的快速入关，让刘邦看到了项羽的绝对实力，他放弃了和项羽冲突的想法，开始思考解决当前困境的办法，但此时刘邦集团却完全摸不清项羽集团的虚实情况，刘邦的内心惶恐无比。幸运的是，项羽的叔父项伯到来，给了刘邦了解项羽集团的机会。

早在下邳时，项伯就与张良有旧交，张良救过项伯，两人关系很好。在项羽大军决定进攻刘邦的前夜，项伯悄悄骑马来到刘邦军中私见张良，把消息告诉了张良，并劝他赶紧潜逃。张良说："我奉韩王之命，送沛公入关，而今沛公身处危难之中，我悄悄逃走，是不合道义的。我必须去向他辞行再走。"随即，张良来到刘邦的营帐中，把项伯所说的话告诉刘邦。

刘邦大惊失色，忙问张良："这可怎么办？"张良没有直接回答，反问刘邦："您估计我们的军队能抵挡住项羽的进攻吗？"刘邦有气无力地说："不能，可是事已至此，又能怎么办呢？"张良想了想，当务之急是打消项羽对刘邦的疑虑，使他放弃进攻刘邦的计划，而要达到这一目的，项伯是个关键人物。

审时度势，张良给刘邦出了个釜底抽薪的主意："请您去告诉项伯，说您不敢背叛项王。"刘邦问："项伯和你，谁的年龄大？"张良说："项伯长我几岁。"于是，刘邦对张良说："你替我把项伯请进来，我要像对待兄长一样对待他。"张良出去，再三邀请项伯入帐见刘邦。

项伯进帐后，刘邦设宴亲自为项伯斟酒祝寿，并约为儿女亲家。当项伯酒酣耳热之时，刘邦委屈地说："我入关以后，秋毫无犯，吏民都造册入籍，府库财产严加封存，专门等待项将军来接收。之所以派将士把守函谷关，是为了防备盗贼窜入和突发意外情况。我守在这里，日夜盼望项将军到来，怎么敢反叛呢？请您千万向项将军转达我的心意，我决不敢背弃将军的大德。"

吾入关，秋毫不敢有所近，籍吏民，封府库，而待将军。所以遣将守关者，备他盗之出入与非常也。日夜望将军至，岂敢反乎！愿伯具言臣之不敢倍德也。

一席话，说得项伯信以为真，便交代刘邦："明天一定要早一点亲自来向项羽谢罪。"

第七章　鸿门斗智

通过项伯，刘邦得到了至关重要的信息——项羽集团内部也不是铁板一块，所以，他要利用项伯，分化瓦解项羽阵营。而项伯本身是项羽集团的重要一分子，具备话语权，甚至可以左右项羽的决策。对项伯来说，他原本只是单纯地帮老朋友张良，现在被刘邦套牢，所以答应帮忙。

项伯连夜驰回鸿门，把刘邦的话都转告给了项羽，并百般疏通，使原已剑拔弩张的局势有所缓解。

项伯复夜去，至军中，具以沛公言报项王，因言曰："沛公不先破关中，公岂敢入乎？今人有大功而击之，不义也。不如因善遇之。"项王许诺。

为表示诚意，刘邦决定亲自去鸿门见项羽。他也知道，此去鸿门如羊入虎口，危机四伏，但又不能不去，真是左右为难。为此，张良精辟地向刘邦分析了项羽其人：项羽要的是名声、财富和美人、土地，而刘邦在意的只是他的性命，两者不冲突，这就给了后续谈判的回旋余地。

张良作了周密安排，决心同刘邦深入虎穴，见机行事，保护刘邦的安全。

张良
——从复仇者到帝王师

第二天,刘邦仅带着张良、樊哙和百余名从骑来到楚营,刘邦一见项羽,忙上前点头哈腰地说道:"臣与将军合力攻秦,将军战河北,我战河南,不料我侥幸先入关破秦,得以在此复见将军。今有小人进谗,致使将军与我结怨。"

臣与将军戮力而攻秦,将军战河北,臣战河南,然不自意能先入关破秦,得复见将军于此。今者有小人之言,令将军与臣有郤。

项羽见刘邦只带百余从骑前来赴宴,而且一副谦恭委屈、可怜巴巴的样子,得出了结论:刘邦哪是心有大志,他是畏惧我的威严不敢取而已。项羽不禁动了妇人之仁,脱口说道:"这都是沛公的左司马曹无伤告诉我的,说你要在关中称王,令子婴为相,不然,我何至于如此。"

此沛公左司马曹无伤言之,不然,籍何以至此?

项羽这句话说出来,已经说明了他彻底对刘邦没了戒心,否则不会卖掉曹无伤。项羽对曹无伤的地位和作用完全没有认识

第七章　鸿门斗智

到,留着曹无伤在暗处,刘邦集团的情报就会源源不断地泄露出来。卖了曹无伤,后面再无人敢给项羽当暗子了。

项羽一看刘邦先行入关却没有非分之处,自己对刘邦如此这般倒有违约之嫌,觉得有些理屈词穷,所以设宴款留刘邦喝酒。席间,项羽的谋士范增屡次举目示意项羽,又再三举起所佩玉玦,暗示他速下决断,杀死刘邦,但是项羽犹豫不决,默然不应。范增只好又从帐外召来勇士项庄,授意他以舞剑助兴为名,伺机杀掉刘邦,这便是"项庄舞剑,意在沛公"的出处。

项伯看出了破绽,拔剑与项庄对舞,暗中保护刘邦,时时用自己的身体护住刘邦。张良一看情况不妙,赶快起身出帐去找樊哙,命其速去护驾。樊哙二话没说,持剑拥盾闯入军门,直奔帐下,两个卫士都被撞翻在地。俗话说,横的怕愣的,愣的怕不要命的。其他卫士看见樊哙摆出了一副不要命的架势,都远远看着,没敢再过来阻拦。樊哙直奔项羽的中军大帐而来。

到了项羽帐前,樊哙也不等通报,就直接挑开帐帘,面对项羽时保持铁塔般地站定,只见他虎目圆睁,怒气冲冲地看着项羽,头发一根根地竖立起来,两边的眼眶似乎都要裂开了,活脱脱一副拼命三郎的样子。

项羽素来以勇猛著称,不过看到樊哙这副拼命的架势,心中还是大吃一惊,立即警觉地握住宝剑,坐直身子,喝道:"你是干什么的?"张良连忙走上前,解释说:"是自己人,自己人。他是沛公的贴身保镖,名叫樊哙。"

刘邦手下竟然有这等猛人,能掀翻门口的卫士直闯军营!当猛人项羽遇到了猛人樊哙时,项羽心中掠过一片欣赏之情:"真是壮士,赐酒。"

项羽的手下立即给樊哙递上一大杯酒。

樊哙端起酒杯,一饮而尽。

项羽说:"再给樊将军拿个猪肘来。"他的手下马上递给樊哙一只生猪。樊哙毫不介意,把盾牌往地上一扣,然后把猪肘放在上面,拔出剑来,边切边吃,三下五除二,一整个猪肘就下了肚。项羽不由得赞叹:"好一个壮士!还能再喝酒吗?"

"我连死都不怕,一杯酒又有什么可推辞的!"樊哙朗声说道。接着,樊哙侃侃而谈,把张良事先教他的话背了一遍,发表了一生中最精彩的演讲:"秦王的心肠就像虎狼一样凶狠,杀起人来,好像唯恐杀不完;用起刑来,好像唯恐用不尽。因此,天下人都叛离了他。

"楚怀王曾经与各路诸侯约定:谁先打败秦军攻入咸阳,谁就可以在关中称王。如今沛公先打败秦军攻入咸阳,连细小的财

第七章　鸿门斗智

物都没敢动，封闭秦王宫室，把军队撤回到灞上，等待大王您的到来。之所以派遣将士把守函谷关，为的是防备盗贼窜入以及其他意外的变故。

"沛公如此劳苦功高，非但没有得到封侯的赏赐，您反而听信小人的谗言，要诛杀有功之人。这是重蹈秦朝灭亡的老路啊，我个人认为大王这样做是欠考虑的！"

樊哙的演讲，慷慨激昂，义正词严，弄得项羽一时竟无言以对，只得招呼樊哙说："坐，樊将军坐吧！"樊哙顺势挨着张良坐下了。

项庄舞剑所引发的剑拔弩张，终于有所缓和。

在樊哙等人的护卫下，项羽终未下手，刘邦见情势已渐好转，便以入厕出恭为借口，招呼樊哙出帐，张良随之而出，三人商量对策，决定由樊哙保护刘邦赶快脱身，张良留下来应付局面。

项羽见刘邦许久未回，便问张良。张良估计刘邦此刻已经脱险走远，这才面告项羽："沛公不胜酒力，已先回营。未能面辞，特献将军白璧一对，范将军玉斗一双，以表歉意。"当项羽问及刘邦为何不辞而别时，张良回道："将军与沛公情同手足，虽您不会伤害沛公性命，但总有将军部下猜忌加害沛公。沛公若死，天下之人必耻笑将军。为保将军名节，沛公不得已才不辞而去。"

项羽听到张良的解释，不但没生气，还接受了刘邦的玉璧。而范增听到刘邦已经回到了军营，气恼挥剑斩断玉斗道："将来得天下者必是沛公，今日错失良机，日后悔之晚矣！"

唉！竖子不足与谋！夺项王天下者，必沛公也！吾属今为之虏矣！

刘邦回到军营第一件事，就是诛杀曹无伤。

鸿门宴自古以来就是一个热闹非凡的话题。无数历史爱好者在反复研究鸿门宴上项羽为何不杀了刘邦这一令人纠结的话题之时，往往疏忽了一点：鸿门宴的幕后导演是张良，关于刘邦为何能从鸿门宴脱身的答案，早在鸿门宴前一天，张良就已基本敲定结局了。

项羽杀刘邦的念头和借口，早在鸿门宴前夕都被张良给无形地化解了；而鸿门宴上范增杀刘邦的举动则被项羽不靠谱的叔父项伯给化解了，而项伯如此力挺刘邦绝非他敬佩刘邦，而是因为他在还老朋友张良的人情。所以，我们从这个角度来理解鸿门

第七章 鸿门斗智

宴,然后就能得出一则简单的结论:鸿门宴是张良一手导演的、避开项羽砍向刘邦大刀的一次冒险,而刘邦能成功地避开鸿门宴上项羽所默许的、范增所授意举起的刀子,则同样是因为张良的故人项伯充当了盾牌。

鸿门宴的核心主角既不是刘邦、樊哙,也不是项羽、项庄、项伯与范增,而是运筹帷幄的张良。

鸿门宴是一个以弱敌强、扭转败局的教材。张良在这次生死攸关的斗争中,以其大智大勇,既巧妙地帮助刘邦安全脱离虎口,又使项羽内部埋下了君臣相隙的祸根,通过一系列组合拳,成功地变被动为主动,达成了自己的战略目标。

这次宴会对后来楚汉战争的形势产生了巨大的影响,甚至被认为是间接促使项羽败亡的原因之一。

一个多月后,项羽率领大军进入咸阳,他杀死子婴,纵火焚烧秦宫室,并进行大屠杀,秦朝累代之积蓄至此一炬而尽。项羽的疯狂毁掉了自己的形象,失掉了关中百姓的人心,注定要失败。

第八章 烧绝栈道

第八章　烧绝栈道

公元前206年正月，项羽凭借手中掌握的40万军队，佯尊楚怀王为义帝，借口"古之帝者，地方千里，必居上游"，强行使义帝迁都到偏远的长沙郡郴县，而暗中密令英布等人将其杀死于南迁途中；二月，项羽自称西楚霸王，建都彭城（今江苏徐州），统辖梁地、楚地九郡，成为诸侯霸主。

在范增的建议下，项羽以霸主的身份分封天下十八路诸侯王，这十八个王是：

刘邦封为汉王，统治巴蜀之地，定都南郑（今陕西南郑东北）。

秦将章邯投降项羽有功，封为雍王，统治咸阳以西的地区，定都废丘（今陕西兴平南）。

秦将司马欣曾担任过栎阳狱掾，并有恩于项梁，封为塞王，统治咸阳以东到黄河的地区，定都栎阳（今陕西富平东南）。

秦将董翳劝说章邯降楚有功，封为翟王，统治陕西北部地区，定都高奴（今陕西延安北）。

魏王豹改封为西魏王，统治河东地区，定都平阳（今山西临汾西）。

申阳本是张耳的宠臣，首先攻下河南郡，在黄河岸边迎接楚军，封为河南王，定都洛阳（今河南洛阳东）。

韩王成不变，定都阳翟（今河南禹州）。

赵将司马卬平定河内，屡有战功，封为殷王，统治河内地区，定都朝歌（今河南淇县）。

赵王歇改封为代王，定都代县（今河北蔚县东北）。

赵国的丞相张耳一向贤能，又跟随项羽入关，封为常山王，统治赵地，定都襄国（今河北邢台）。

楚将当阳君英布，勇冠三军，封为九江王，定都六县（今安徽六安北）。

鄱君吴芮率领百越将士协助诸侯，又跟随项羽入关，封为衡山王，定都邾县（今湖北黄冈北）。

义帝的大臣共敖率兵攻打南郡，多有战功，封为临江王，定都江陵（今湖北江陵）。

燕王韩广改封为辽东王，定都无终（今河北蓟县）。

燕将臧荼跟随楚军救赵，又随军入关，封为燕王，定都蓟县（今北京西南）。

齐王田市改封为胶东王，定都即墨（今山东平度东南）。

第八章　烧绝栈道

齐相田都随楚军一起救赵，又随军入关，封为齐王，定都临淄（今山东临淄东）。

齐王建之孙田安，在项羽渡河救赵的时候，曾攻下济水之北的几座城池，并率军归顺了项羽，封为济北王，定都博阳（今山东泰安东南）。

由于项羽是单方面发布"封王榜"，没有充分发扬民主集中制的原则，把本来皆大欢喜的分封搞得怨气丛生，激化了项羽集团内部的矛盾。

有的人很不满。

魏王豹本来是魏王，现在成了西魏王，地盘也被项羽割去了一半，仅剩下河东地区，这自然让他很不爽。

同样不爽的还有赵王歇，他的地盘原本是赵国的区域，现在却被项羽派去管理代地了，这让他感到很难堪。

有的人很愤怒。

田荣本来占据了齐国的广大地盘，想当齐王，无奈项羽不同意："小子，你多次对不起我叔父项梁，又不肯出兵追随我攻打秦军，现在还想当齐王？没门！"

自此，田荣就和项羽叫起了板。

成安君陈余也很愤怒，他因与张耳不和，就弃将印而去，也没有跟随项羽入关。项羽本来没打算分封他，但因他一向以贤能闻名，又对赵国有功，就勉强赏了他三个小县城。

在整个分封过程中，项羽将一个非常重要的人物排斥在外——曾经与刘邦并肩战斗过的老战友彭越。彭越是钜野湖大盗出身，起义后屡立战功，很能打仗，当时他的队伍已经发展到了1万多人。

项羽完全是凭个人好恶、亲疏远近来分封的，"非我族类，其心必异"，甚至多少还有些借分封之事进行打击报复的嫌疑。

项羽将当时还十分偏僻荒凉、曾经是秦国流放犯人的巴蜀地区封给了刘邦，并把关中地区一分为三，分封三王用以遏制刘邦北上。

项羽不仅违背了"谁先入关中，即为关中王"的约定，还杀了楚怀王，背负了弑君的恶名，寒了楚人的心，给刘邦留下诸多口实。

刘邦心中十分怨恨，当即就想与项羽拼命，张良和萧何立即劝阻刘邦：项羽的兵力四倍于我们，如果发动战争，汉军很快就会被项羽消灭，况且天下初定，民心思安，大家都不希望继续战争，首先发动战争又师出无名。

刘邦决定暂且隐忍不发。

第八章　烧绝栈道

天下分封已定，为了表彰张良的功劳，刘邦赐给张良黄金百镒、珠二斗，张良没有接受，把金及珠悉数转赠给项伯，让他再为汉王请求加封汉中地区。项伯见利忘义，立即前去说服项羽。通过项伯在项羽面前的美言，刘邦获得项羽首肯，如果没有项伯从中周旋，恐怕刘邦就要步韩王成的后尘了。

于是，刘邦建都南郑（今陕西南郑县东北），占据了秦岭以南的巴蜀、汉中三郡之地。

> 汉王赐良金百镒，珠二斗，良具以献项伯。汉王亦因令良厚遗项伯，使请汉中地。项王乃许之，遂得汉中地。

公元前206年四月，诸侯们都要到自己的封地去就国。项羽命令汉王刘邦裁减军队，只带3万人入汉中。刘邦踏上了去汉中的路。

刘邦虽然被赶到巴蜀一带，但项羽心里还是不踏实。他把目光停留在刘邦的第一谋臣张良身上。刘邦之所以能先他一个月到达关中，就是因为张良为他提出了"攻城为下，攻心为上"的高级战略，从而以不战而屈人之兵迅速攻城拔寨，势如破竹般拿下秦朝都城咸阳。

张良
——从复仇者到帝王师

项羽又听闻张良是武王伐纣时用兵如神的姜子牙《太公兵法》的传人，心里更是惶惶不已："这样一个人才，要是能归我所用就好了。"谋士范增给项羽想了个好办法，他想到了一个人，这个人就是韩王成。

张良是韩国人，只有利用韩王成来对他进行施压了。因此，当其他诸侯纷纷上任去了，唯有韩王成是个例外。项羽把韩王成留在自己的身边，表面上好酒好菜招待，实际上是把他当人质软禁起来了。

项羽软禁韩王成除了因为张良，还有一个原因，那就是他在巨鹿之战后进军关中时，韩王成并没有像其他诸侯一样追随他入关，说白了就是当时韩王头脑不开窍，表面功夫不到位，没有像其他诸侯一样讨得项羽的欢心。虽然事后韩王成苦苦解释说他手下兵力有限，即使追随也起不了什么大作用。但项羽要的就是那种气派，天下诸侯唯我是尊的风光场面，韩王成没有给他面子，令项羽十分不爽。

当然，项羽软禁韩王成最终目的还是为了张良。

韩王成对项羽百般求饶："只要大王能放过我，我什么条件都答应你。"项羽要的就是这句话，他对韩王成说："你必须召回张良。"

第八章　烧绝栈道

韩王成已经没得选择了，答应也得答应，不答应也得答应了。他马上给张良写了一封信，当然，信中他不敢明说自己被项羽软禁了，而是很深情很委婉地说他想把自己的韩国建设得更繁荣强大，要张良马上回到自己的祖国来，尽一个大臣应尽的责任。

国家兴亡，匹夫有责。张良本来就一直希望自己的故国韩国能兴旺发达起来，此时见韩王成召唤自己，哪里能不答应？更重要的是他还有心中的想法，那就是眼下刘邦被赶往交通闭塞的巴蜀地带，以目前的形势，只能委身于那里韬光养晦，伺机东山再起。而他留在韩国，正好可以知晓外面的消息，这样既可以帮韩王成做点儿事，又可以暗中帮助刘邦，可谓一举两得。

身在韩营心在汉。张良想，他以后的生活可能就要这样过了。

听说张良要随韩王成回到韩国，刘邦很舍不得。张良不断劝慰，说今日的分别只是为了来日更好地相聚。两人都依依不舍，张良提出要送刘邦回汉中，就这样，张良送了刘邦一程又一程，刘邦很感动。

七月，张良送刘邦到离咸阳六百里外的褒中（今陕西汉中）。此处群山环抱，沿途都是悬崖峭壁，只有栈道凌空高架，以方便行人，别无他途。所谓"栈道"，是指在悬崖峭壁的险要地方凿孔支架，铺上木板而建成的通道，可以行军、运输粮草辎重，也可供马帮商旅通行。

汉王刘邦一行从斜道入汉中，看着一路绝壁、栈道，刘邦不禁有些凄凉，恐怕入了汉中之后再难东出。同时刘邦也担心项羽在后面追击，如果项羽真这么做，恐怕自己就彻底完了。而且汉中远离楚国，许多士卒中途不断逃亡，想要东归回老家。

张良发现了刘邦沮丧的神情，他也理解刘邦的担忧。张良一路上观察秦岭巴山地势，想出了一计，于是劝说刘邦待汉军过后，烧毁全部入蜀的栈道，这样做有三个作用：

第一，麻痹项羽，表示刘邦没有东出的意思。

第二，防止项羽和三秦王追击偷袭。

第三，阻止思乡心切的东方士兵逃散。

这样，就可以乘机养精蓄锐，等待时机，再展宏图了。

这个计谋可谓一箭三雕。

刘邦大喜，依计而行，一路行军一路放火，烧了沿途的栈道。架设于悬崖峭壁上的木质栈道被点燃，北风助长着火势噼噼啪啪地烧成了一片，半空中的火光成为一道奇特的风景线，断木夹杂着火星坠落于悬崖深处……

第八章　烧绝栈道

汉王之国，良送至褒中，遣良归韩。良因说汉王曰："王何不烧绝所过栈道，示天下无还心，以固项王意。"乃使良还。行，烧绝栈道。

项羽派出尾随监视刘邦出关的军探，第一时间将此消息汇报给了项羽，项羽获悉这一切后笑了。

其实，不仅仅是项羽笑了，刘邦与张良也笑了。

这又是张良的一着妙棋。

张良深知刘邦在巴蜀之地完成了能量积蓄之后，一定会伺机杀回三秦大地，项羽也隐隐地担心他日刘邦会重新回来，但是现在一把火让大家都安心了，栈道都烧毁了，不可能再回来了，如果一定要回来，那必有先兆：重新架设栈道。

项羽向驻守三秦大地的三个嫡系诸侯王章邯、司马欣、董翳下达了监视刘邦的具体指示：紧盯刘邦，发现其栈道施工时，第一时间向我汇报。

张良此计用心良苦，它为刘邦的巩固发展和日后东进起到了重要作用。

送君千里，终有一别。在相送的这一路上，张良不仅与刘邦探讨后续基本战略：在巴蜀之地完成休整，补充兵员广招人才，积攒实力，伺机杀回关中，夺取三秦大地再图发展，而且还深入听了萧何在这方面的工作思路，因为在这一基本战略方面，张良与萧何是不谋而合的。

此外，张良还一路留心查看了蜀地民情民风与山川河流地理信息，这一路相送与独自返程之旅为张良积攒了非常重要的信息，对日后运筹帷幄指导刘邦在楚汉争霸中取胜，奠定了坚实的基础。

张良和刘邦依依惜别后，独自打马回韩地。刘邦依计行事，他在汉中，厉兵秣马，励精图治，休整待机。

第九章 计定三秦

张良
——从复仇者到帝王师

刚到韩地，张良就得到从彭城传来的坏消息，楚霸王项羽不仅没有让韩王成回封地，而且把韩王贬为了侯。

项羽之所以这么干，一方面是因为这个韩王成既没有战功，又不是自己的嫡系，而且还是刘邦当年一手给扶起来的，更要命的问题是张良与刘邦走得太近，所以项羽是不可能把韩王成放归韩地为王的。

即便如此，张良还是义无反顾地前往彭城了。

那么，张良为何不在这种情况下返回汉中，投奔汉王刘邦呢？

因为张良清楚，在刘邦尚未完成他与萧何所定下的基本战略的第一步，即杀回关中、夺取三秦之前，如果自己先动了，那么势必会引起项羽的警觉，这种傻事张良是断然不会干的。张良知道，项羽分封诸侯不公，不得人心，天下不满的大有人在，一定会有人出来挑战项羽的。

率先跳出来挑战项羽的是齐地的田荣。

田荣绝对是一位能打、能折腾的人才。

第九章　计定三秦

田荣早在动手之前，就悄悄地拉拢了两个人：啥也没捞到的彭越以及只捞着了三个县封地的陈余。

那个彭越，田荣仅仅用一枚将军印就将他给拖下水了。彭越摇身一变，带领着他的万人队伍加盟到了田荣旗下，与田荣并肩战斗反楚。

对于陈余这等有水平的货色，田荣采取了更合适的拉拢方针：同时举起反楚大旗就行。

陈余在田荣的蛊惑下毅然下水了，陈余集结了自己封地三个县的兵力突然袭击了昔日的战友——当时的常山王张耳。

张耳原本与陈余是刎颈之交，因巨鹿之战时，赵王歇和张耳被秦军围困，陈余在外畏惧秦军强大，不敢救援，就在张耳求援无效、陷入绝境的时刻，项羽率领楚军以摧枯拉朽之势战胜秦军，将张耳从死局中解救出来。于是，张耳怨恨陈余见死不救，便与陈余绝交，反目成仇。

张耳在军事指挥能力方面远远不及陈余，张耳被打得满地找牙，常山被攻破，张耳败走逃亡。张耳兵败后，本来想去投奔项羽，有人劝他，虽然现在楚国强大，但今后一定归属于汉国。于是，张耳听人劝诫便投靠了刘邦。

刘邦早年就跟张耳是好友，十分尊重张耳，以很优厚的礼遇接待了他，并将自己的女儿许配给了张耳的儿子张敖。

打败了张耳的陈余全面整合了赵国的土地，并把被项羽立为代王的赵歇重新封为赵王，被项羽分裂了的赵国重新回到了赵歇的手中。为了回报陈余，赵王歇封陈余为代王。

很能打的田荣在招募了极能打的彭越之后，几乎只是挥了挥手，就将项羽分封在齐地的三个王一口气全都干掉了。

齐王田都被田荣赶跑，逃往项羽旗下的西楚国寻求政治避难去了。胶东王田市则更惨，直接就成了田荣的刀下鬼。济北王田安也成了田荣桌上的一碟小菜，济北国破，田安身亡。

于是，田荣自立为齐王。

然而，螳螂捕蝉，黄雀在后。

同年八月，刘邦按韩信的计策派樊哙带领500人去修栈道，并以军令限一个月内修好。于是，500将士浩浩荡荡地在通往关中的秦岭大山间修起栈道来。他们在悬崖峭壁上凿孔支架，铺设木板，成天叮叮当当，好不热闹！

修栈道表明刘邦有谋图关中的想法，但是，崇山峻岭，道路艰险，修复栈道并不是一朝一夕的事。镇守陈仓（今陕西宝鸡东）的章邯的将士们纷纷嘲笑韩信，说这样一个浩大的工程，就算用上三年的时间，也是不可能完成的啊！因此，章邯并不放在

第九章　计定三秦

心上。

殊不知,这是韩信的诡计,他实行了"明修栈道,暗度陈仓"的谋略,修栈道是在麻痹迷惑章邯,他已悄悄地率军出动了,出其不意地从陈仓道进入关中,偷袭章邯。雍王章邯猝不及防,无法抵挡汉军的攻击,最终于废丘(今陕西兴平东南)兵败自杀身亡,塞王司马欣、翟王董翳则见风使舵地投降于汉。刘邦一举平定三秦,夺取了关中宝地。

八月,汉王用韩信之计,从故道还,袭雍王章邯。邯迎击汉陈仓,雍兵败,还走;止战好畤,又复败,走废丘。汉王遂定雍地。

一个"明烧",一个"暗度",张良、韩信携手,珠联璧合,成为历史上的一段脍炙人口的佳话。

三秦战役历时八个月,胜利之后,刘邦完全平定关中,基本占据了战国时期秦国的地盘,拥有了当年秦始皇消灭六国一统天下的本钱。刘邦倚据富饶形胜的关中地区,便可以与项羽逐鹿天下了,为像秦始皇那样从咸阳出发重新统一天下奠定了基础。

项羽闻知刘邦平定三秦,怒不可遏,决定率兵反击。可面对

张良
——从复仇者到帝王师

田荣和刘邦这两个大麻烦，究竟应该先解决哪一个呢？就在项羽犹豫不决的时候，一直在安静地守候着刘邦信息的张良悄然行动了。张良修书一封给项羽："汉王失职，欲得关中；如约即止，不敢东。"

意思是：汉王刘邦失去了关中王位，他仅仅只是想要得到关中地区，一旦他的想法实现，就会停止东进，不会继续向东行进攻楚了。

如果仅凭这样一封书信就打消项羽的顾虑，那么我们也太小看项羽与范增了，或者是说张良也太弱智了。

事情绝非这么简单，紧跟着张良发出了第二封书信，这封信能直接令项羽打消一切顾虑，令项羽彻底地相信第一封信。

第二封的内容异常简洁明了："齐欲与赵并灭楚。"

意思是，齐国将要与赵国联手，意图灭了楚国！

这封信令项羽激动了，因为战报已经报到彭城了，赵国和齐国都动起来了！

张良为刘邦打了一记漂亮的助攻，把项羽和范增的注意力引向东方，认识到田荣才是楚国的心腹大患，彻底地将注意力转移到了齐地，并着手调兵遣将前去齐国平叛，从而放松了对关中的防范，为刘邦赢得了整顿消化和休养生息的宝贵时间。

第九章　计定三秦

项羽上当了，自负的项羽不曾料到，田荣只是一个爆破点，坏消息接踵而至……

各诸侯王在田荣的唆使下纷纷反叛之际，远在原秦国最边缘的燕王臧荼也没闲着，趁乱吞并了毗邻自己的辽东王韩广的土地，杀了韩广，进一步扩大了诸侯国燕国的地盘。

不过数月的时间，项羽分封的天下已是纷争四起，反楚的战火是越烧越旺。天下如此大乱，身为霸主的西楚霸王项羽自然不会坐视不管，派兵去攻打赵国，结果被陈余打败。

项羽不得不亲自出面收拾残局了。在张良的引导下，项羽决定统率兵马先去齐地灭了田荣。但是刘邦窃取了三秦大地这一行为也颇让项羽备感不安。项羽深知，所丢失的三秦大地是关中最肥美的土地，这意味着自己在关中最具有战略意义的城池给丢了。他深知刘邦军队出函谷关，下一个攻击的目标自然是韩地，如果韩王成跟他们里应外合，后果不堪设想。因此，项羽毫不犹豫地杀了身旁的韩王成，并另外立了吴县县令郑昌为韩王。

项王竟不肯遣韩王，乃以为侯，又杀之彭城。良亡，间行归汉王，汉王亦已还定三秦矣。

张良
——从复仇者到帝王师

张良听说这个消息后，泪水顿时溢出了眼眶。的确，这个韩王成没有多少才能，但同样，他也没有什么过失，因为同是韩国贵族宗室，他和张良一样有着复国梦想并为之奔波。早在与项梁会盟的时候，他们就彼此相识。韩王成对张良的能力钦佩不已，引为左膀右臂。回想起暴秦被推翻后，韩王成写来的书信中，频频流露出邀请张良回去辅佐的热忱。两人在颍川郡一带打游击中，留下了共同战斗的足迹。虽然韩王成对军事作战并不擅长，但张良期待的是他治国安民的能力，没想到，他居然就这样早早死在项羽的手中。

项羽杀韩王成，使张良相韩的幻梦彻底破灭。

张良思来想去，觉得韩王成的死和自己有着很大的关系。他在家中安放了韩王成的灵位，哭祭了一番，并暗暗立下誓愿，一定要为韩王成复仇，为韩国人向项羽复仇。

张良已经知道自己该干什么了，此刻最重要的事情不是帮助刘邦夺取韩地，而是第一时间保住自己的性命，继续去完成自己的历史使命。张良留下辞职信，说自己思念韩国，连夜逃出彭城并躲过楚军的追查。他的目标并非韩国，而是远在汉中的刘邦大营。

投奔刘邦是为了眼下的安全，也是为了实践黄石公的平生所

第九章　计定三秦

学，还有那从不曾死去的"帝王师"之梦。

一对心有灵犀的君臣再度重逢了。

张良终于回到刘邦的身边，受封为成信侯，此后便朝夕相随汉王左右，成为画策之臣。明代李贽曾评论此事说：项羽此举，"为汉驱一好军师"。的确，项羽杀韩王成客观上帮了刘邦的大忙。

齐王田荣得知项羽击齐，率军迎击，被项羽打败。田荣逃至平原，平原百姓杀了田荣，投降项羽，项羽立田假为齐王。但项羽采取错误政策，不仅不予召抚，反而迁怒齐国百姓，大肆屠杀，于是齐国人纷纷复叛，项羽奔走于齐地，但远不能扑灭齐地战火。项羽没想到，齐国局势就像一个巨大的泥潭，让项羽深陷其中无法自拔。

第十章

下邑之谋

第十章　下邑之谋

公元前205年春，刘邦在张良、韩信等人的帮助下，接连收降常山王张耳、河南王申阳、韩王昌、魏王豹和殷王司马印五个诸侯，汉王刘邦觉得自己此时已经具备了和项羽叫板的能力。于是，刘邦统大军东渡黄河直指洛阳，途经新城（今河南商丘），遇见三老董公，获知义帝的死讯。董公对刘邦说："出兵打仗没有正当理由，事情就办不成。义帝是天下人共同拥立的，项羽分封天下后命义帝由彭城迁至长沙郴县，行至半路又派人将义帝杀死，这是犯了弑君之罪。大王最好是率领全军将士，为义帝穿孝服，公告诸侯起兵讨伐项羽。"

刘邦接受董公的建议，以项羽杀害义帝为口实，以为义帝报仇讨逆为政治号召，令三军发丧，缟素三日，并发檄文布告全国："天下共立义帝，北面事之。今项羽放杀义帝于江南，大逆无道！寡人亲为发丧，诸侯皆缟素。悉发关内兵，愿从诸侯王击楚之杀义帝者。"

因为之前分封诸侯时很多人就对项羽心存不满，现在一看有汉王刘邦带头，天下诸侯纷纷响应，陈余、彭越也加入了反楚队伍。刘邦会合各路大军，共计56万兵马。刘邦率领五路诸侯伐楚，大军浩浩荡荡杀奔项羽的老巢彭城，拉开了楚汉争霸的大幕。

汉军战略部署如下：萧何镇守栎阳，并筹集军资，自渭水、黄河顺流而下，以补给前方；曹参、周勃、樊哙、灌婴及赵军等部为进攻彭城之北路的纵队，由朝歌经定陶、胡陵，出萧县、彭城；薛欧、王吸、王陵为南路纵队，由宛城经叶县、阳夏，出彭城；刘邦亲率夏侯婴、卢绾、靳歙、司马欣、董翳和司马卬、张耳、申阳、韩王信、魏王豹等诸侯军为中路纵队，由洛阳经雍丘、睢阳出彭城，张良为军师，陈平为参乘。

由于当时项羽的主力在齐国与田氏僵持不下，彭城兵力很少，刘邦亲率大军趁虚而入，顺利攻下彭城。

当彭城攻下以后，刘邦得意忘形起来，被这轻而易举得到的胜利冲昏了头脑，不但没有安抚当地民众，赢得人心，反而大肆收集财宝、美女，天天大摆筵席，吃喝玩乐迷醉其中。

这就给项羽回军解救彭城赢得了时机。

刘邦拿下彭城的消息传到了项羽那儿，项羽大怒，命令手下继续攻打齐国，自己亲率3万精兵星夜兼程到达了萧县，急救彭城。汉军兵马虽然号称56万，但其实是一些乌合之众，是临时

第十章 下邑之谋

拼凑起来的，加上各路诸侯人心不齐，难以协调指挥。面对楚军的强大攻势，汉军一触即溃，四散逃命，可叹几十万汉军被几万楚军追得哭爹喊娘，只怪爹妈给自己少生了几条腿。渡河时，汉军争相跳水逃命，因水深流急，人多拥挤，相互践踏，又有十余万人葬身鱼腹，几乎全军覆没。

面对这种惨败，塞王、翟王、陈余等许多诸侯王望风转舵，纷纷倒戈，背汉向楚。刘邦在军事上遭受重大挫折，大好的形势得而复失，刘邦只带张良等数十骑狼狈出逃。项羽穷追不舍，誓要斩杀刘邦。刘邦在最危急的时候，一场突如其来的大风，将楚军的围困吹出一个口子，刘邦抓住时机，迅速逃离，接下来就是一路逃亡。

逃跑途中，刘邦为了减轻车马的重量，数次将自己的两个孩子推下车，幸亏刘邦的车夫夏侯婴数次停车将孩子又救了上来。由于逃跑不及，刘邦的老父及妻子都被楚军掳走。

刘邦狼狈逃至下邑（今安徽砀山），面对彭城的惨败深感沮丧，听到诸王的背叛一筹莫展，刘邦不知如何是好。

这次战败对刘邦的打击是史无前例的。自从起兵以来他从没有经历过这么大的挫折、遭到过这样大的惨败、遇到过这样大的难关。短短一个月内，率诸侯联军，攻破敌人都城，突然攀上人生巅峰之后又突然坠落谷底,这种滋味确实不好受。

刘邦打仗水平一般,然而难得的是,刘邦往往从善如流,并且能够在战争中学习战争。在彭城之战中,刘邦学到了三件事情。

第一,诸侯是靠不住的。所谓人不为己,天诛地灭。从这个意义上来讲,几乎所有诸侯都是墙头草,求人不如求己。

第二,进攻的成本是高昂的。持久作战,粮草供应很难协调,而一旦失败则很容易成为流寇。

第三,攻城略地固然重要,但是如果不能消耗掉敌人的有生力量,那么占领再多城池,包括首都,也没有意义。

所以,痛定思痛,刘邦的彭城之战,输得很值。

刘邦召来群臣,沮丧地问:"目前形势严峻,军心不稳。有谁能帮我力挽狂澜,战败项羽呢?若能助我成功,我愿意以整个关东作为封赏。"群臣面面相觑,似有为难之情,便都把目光落到了张良身上。

吾欲捐关以东等弃之,谁可与共功者?

在此兵败危亡之际,张良匠心独运,为刘邦想出了一个利用

第十章　下邑之谋

矛盾、联兵破楚的策略。

张良答道："目前形势，如大王所说，确实非常严峻。大王率军出关之后，好不容易把反楚的诸侯聚集起来，可是彭城一战，形势大变，齐、赵、魏等国又相继背叛。汉军已经退到荥阳，若再退，就只好返回关中了。而如果失掉荥阳以西的险要地形，再要出关就比登天还难了。不过大王也应该看到，楚军目前看起来强大，与汉军对峙于荥阳，其实并没那么可怕。因为赵国的陈余、魏国的魏豹虽然背叛，但他们想的只是割据称王，并不真心拥护项羽，大王仍然可以遣使劝归。至于能够力挽狂澜的，我看只有英布、彭越、韩信三人了。九江王英布，是楚国的猛将，现在与项羽有了隔阂；彭城之战，项羽令其相助，他却按兵不动。项羽对他颇为怨恨，多次派使者责之以罪；彭越因项羽分封诸侯时，没有受封，早对项羽怀有不满，而且田荣反楚时曾联络彭越造反，为此项羽曾令肖公角攻伐他，结果未成。这二人可以利用。另外，汉王手下的将领，只有韩信可以委托大事，独当一面。大王如果能用好这三个人，那么楚可破也。"

这就是著名的"下邑之谋"。

下邑之谋是放眼楚汉相争全局的一个总体作战方略，即汉王在正面，英布在南翼，韩信在北方，彭越在项羽背后。四个方面军全部发动起来，实现联动，完成对项羽战略包围之时，就是项羽灭亡之日。

听了张良的意见，刘邦顿时转忧为喜。

刘邦做的第一个部署，正面拒敌，牵制项羽。

刘邦扼守荥阳、成皋，正面吸引项羽，守险不战，消耗楚军，以待侧翼发展，积小胜为大胜，转弱为强。出函谷关往东，就是豫西通道。豫西通道基本是沿黄河南岸，其中最重要的地理单元，就是洛阳盆地。这片盆地西有函谷关，东有成皋虎牢关，南有伊阙雄关，北有邙山和孟津黄河天险。

站在刘邦的角度，洛阳盆地就是离自己最近的根据地，也是他下一步出击中原的桥头堡。退守洛阳盆地，是刘邦军队获取来自关中、巴蜀粮草兵源的不二选择。沿黄河南岸，自西向东，有巩县、成皋、荥阳三大坚城，荥阳东北的敖山上，有来自陆路和黄河漕运的粮草库——敖仓。占据荥阳和敖仓，就可以保卫洛阳盆地，源源不断接受来自于关中和巴蜀的援助。这套逻辑，深深地刻进了刘邦的内心深处，尤其是在彭城大败之后。

刘邦的第二个部署，分兵派韩信北伐，开辟北方战场。

这个部署的高明之处在于，刘邦对诸侯们的心理把握得十分到位。虽然这个时候几乎所有诸侯都转投了楚国阵营，但诸侯们

第十章 下邑之谋

并没有特别坚定的政治立场，在局势尚未完全明朗的情况下，他们一定不会死心塌地地追随刘邦和项羽的任何一方，所以不要奢求诸侯们雪中送炭，助一臂之力，但只要他们不起兵进攻刘邦，那么就是诸侯们最好的立场。也就是说，派出韩信的军事威慑，告诉北方诸侯们，不动最好，动就消灭你们。

韩信有盖世之才，放手使用才能建奇功。后来，果然如张良所料，韩信开辟北方战场，擒魏、取代、破赵、胁燕，东击齐而有之，南灭楚垓下，为汉王完成对项羽的战略包围，打下半壁江山，多亏了张良的下邑之谋。

刘邦的第三个部署，瓦解项羽集团，建立汉兵南翼战线。

英布的情况比较特殊。秦朝末年的南方，相对于当时的北方来讲，开发程度较差，大部分是不毛之地，所以远远谈不上兵家必争之地。而当时南方的几个诸侯，其实是被项羽道德绑架过的。当年参与杀义帝熊心的计划，九江王英布、临江王共敖、衡山王吴芮，三个人都有份儿。也正因为如此，项羽眼中的南方，是自己理所当然的"基本盘"。

然而，英布是一个心怀异志的人。英布早年作为刑徒，曾经在修筑骊山陵墓的工程中做劳改犯。英布的朋友圈，大部分是朝廷重犯、江洋大盗之类的角色。所以，英布这个人下手狠辣，不按套路出牌。正因为这点相似之处，项羽当年也颇为看重英布。比如当年坑杀章邯部队的 20 万秦军降卒，实际执行者就是英布。然而，英布在彭城之战中的举棋不定，让项羽对英布的忠诚产生怀疑，进而开始进行赤裸裸的武力威慑。项羽伐齐，英布称病不出。彭城大战，决定项羽生死命运，英布坐山观虎斗。张良从中看出了英布与项羽已有裂痕。英布是项羽手下第一枭将，如果英布归汉，不仅能削弱项羽集团，而且在政治上、心理上对项羽是沉重打击。

于是，刘邦派舌辩名士随何出使淮南，策反英布。公元前 205 年七月，彭城之战后的第三个月，英布叛楚投汉。刘邦称随何之功可抵五万之师。

刘邦的第四个部署，争取中间力量彭越，乱楚后方。

在彭城之战中，刘邦的心灵遭到深深的创伤。在关东一马平川的大平原上，几乎无险可守，如果有骑兵在手，那么几乎所有的方向都可以作为进攻方向，这一点极大地启发了刘邦。如果有这么一支力量，纵横驰骋在山东、苏北的平原上，那么项羽必然不能首尾相顾。如果说关中、巴蜀是刘邦的粮仓，那么山东、苏北则恰恰是项羽的粮仓。彭越是一员可独当一面的勇将，他未得封王，恨透了项羽。彭越的根基在楚梁之地，这是项羽的心脏地

第十章 下邑之谋

区。彭越一旦反楚,如同一把尖刀插在楚军的心脏上,乱其后方,断楚粮道。后来成皋对峙,项羽腹背受敌,疲于奔命,正是彭越制造的危害。所以,拉拢彭越的目的非常明确,断项羽粮道,让楚国士兵和马匹吃不上饭。

张良的下邑之谋,是在刘邦最困难的时候提出的,为绝地反击赢得楚汉战争奠定了基础。

在张良的谋划下,一个内外联合共击项羽的军事联盟终于形成,扭转了楚汉战争的局势,使刘邦由战略防御转为战略进攻。事实证明了张良下邑之谋的深谋远虑,刘邦最后兵围垓下打败项羽,主要依靠的正是这三支军事力量。

综观下邑之谋的提出与实施过程,刘邦以弱胜强,主要靠以下四个方面:其一,面对严峻挑战,临危不惧,要有坚定的必胜的信心;其二,全局战略规划的核心,一是计划周密,二是开发人才;其三,洞察敌、我、友,分化敌人,团结中间,建立广泛的统一战线;其四,深固根本,完善自己,增强实力。

刘邦自己总结的取胜之道:汉有三杰,张良、萧何、韩信,各有担当之才为他所用,项羽有一范增而不用,所以楚亡汉兴。说到底,人才是根本。

第十一章

画箸阻封

第十一章　画箸阻封

在楚汉争霸中，项羽的军队是经常压制刘邦的，为此刘邦非常苦恼。公元前204年冬，项羽趁韩信开辟北方战场之机，发兵围攻刘邦所在的荥阳。刘邦坚守不出，双方久战不决。不过，项羽数次截断汉军的粮食补给和军援通道，刘邦军队的粮草稀缺，情况危急。

刘邦为此十分焦急，询问群臣有何良策。这时候谋士郦食其站出来了，献计道："昔日商汤伐夏桀，封其后于杞；武王伐纣，封其后于宋。秦王失德弃义，侵伐诸侯，灭其社稷，使之无立锥之地。陛下诚能复立六国之后，六国君臣、百姓必皆感戴陛下之德，莫不向风慕义，愿为臣妾。德义已行，陛下便能南向称霸，楚人只得敛衽而朝。"

郦食其建议刘邦分封六国旧臣贵族，收买人心，以获得他们的支持。

郦食其是个牛人，这个老头儿屡建奇功，他曾单身入陈留城，割下县令的头颅，让刘邦获得第一场大胜，也是他出面劝降秦国守将，助刘邦攻破武关，是刘邦率先攻破咸阳、灭亡秦朝的

张良
——从复仇者到帝王师

重要功臣。刘邦很器重他。

刘邦听完郦食其的建议后很满意，拍手称赞，速命人去刻制印玺，使郦食其巡行各地分封。

郦食其的这个主意，其实是一种"饮鸩止渴"的策略。

关键时刻，张良外出归来，拜见刘邦。当时刘邦正在吃饭，就利用吃饭的时间给张良说了郦食其的计谋，问张良怎么看。张良听罢，大吃一惊，忙问："这是谁给陛下出的计策？"他摇摇头接着说："照此做法，陛下的大事就要坏了。"

刘邦不明其中的道理，不解地问："为什么不能分封六国？"张良伸手拿起酒桌上的筷子，连比带画地讲了起来，仔细分析了八条不能分封六国的原因，史称"画箸阻封"。

昔者汤伐桀，而封其后於宋者，度能制桀之死命也。今陛下能制项籍之死命乎？曰：未能也。其不可一也。武王伐纣，封其后于宋者，度能得纣之头也。今陛下能得项籍之头乎？曰：未能也。其不可二也。武王入殷，表商容之闾，释箕子之拘，封比干之墓。今陛下能封圣人之墓，表贤者之闾，式智者之门乎？曰：未能也。其不可三也。发钜桥之粟，散鹿台之钱，以赐贫穷。今陛下能散府库以赐贫穷乎？曰：未能也。其不可四也。殷事已

第十一章 画箸阻封

毕，偃革为轩，倒置干戈，覆以虎皮，以示天下不复用兵。今陛下能偃武行文，不复用兵乎？曰：未能也。其不可五矣。休马华山之阳，示以无所为。今陛下能休马无所用乎？曰：未能也。其不可六矣。放牛桃林之阴，以示不复输积。今陛下能放牛不复输积乎？曰：未能也。其不可七矣。且天下游士，离其亲戚，坟墓，去故旧，从陛下游者，徒欲日夜望咫尺之地。今复六国，立韩魏燕赵齐楚之后，天下游士，各归事其主，从其亲戚，反其故旧坟墓，陛下与谁取天下乎？其不可八矣。

因为当时郦食其对刘邦进言的时候，主要讲的是周武王的事迹，所以张良也就事事以周武王为标杆来说明此事的不妥。张良说，当初周武王之所以会这么做，去分封以前帝王的后代，是因为他们已经完全掌握了天下，也能够掌控他们了，这时候才有资本去施行仁义。可是，现在项羽的势力这么强，跟当时的情形差得太远了，汉军远远没有这个实力，做不了这件事。周武王灭掉商后，直接废弃掉了战车，然后改为了乘用车，以此来向天下人表明，他不再用兵，天下从此就可以安定了。可是，现在的汉军明显是做不到这一点的，那么为什么要封六国的后人呢？周武王让所有的战马都休息，不再使用，而且还把牛都赶走了，不再用

张良
——从复仇者到帝王师

他们来运输粮食辎重，这些都是刘邦目前达不到的。

更为重要的是，一旦分封了六国的后人，那么如今追随刘邦的很多人可能从此就要离开了，因为他们都是六国的遗民，虽然对秦国有着深仇大恨，可是如今暴秦已灭，他们对于故国有深厚的感情，到时候他们会去追随故主，而不是跟着刘邦到处奔波了。

刘邦很震惊，的确如此，复立六国后，那些能臣志士谁还愿意再为他刘邦拼死拼活地打江山呢？他们肯定要回到自己的故土，去侍奉曾经的国君，见到以前的好朋友，何乐而不为呢？这方面，张良本身就是个活生生的例子。而且以目前的形势看，还是项羽强大得多，怎么能够保证他们真的可以听从自己的命令呢？万一适得其反，岂不是更糟糕吗？

刘邦是何许人也，对于张良的话一点就透，茅塞顿开。刘邦十分生气，忍不住大骂郦食其，说自己的大事差一点儿就被这个书呆子给破坏了。他放弃了分封的念头，立刻派人去找郦食其，下令销毁已经刻制完的六国印玺，再也不许提及此事了。刘邦避免了一次重大战略错误，为而后汉王朝的统一消除了不少麻烦和阻力。

张良本身就是六国贵族，他的理想就是复韩，如果复立六

第十一章 画箸阻封

国,韩国也可以恢复了,那他为什么要阻止刘邦分封六国呢?

张良的身份跟项羽一样,都是贵族出身,张良是韩国贵族,项羽是楚国贵族。作为贵族,自然会支持过去六国贵族的那一套制度,所以项羽在灭秦之后,选择了分封。给刘邦提出分封建议的郦食其反倒是贫苦出身,郦食其缺乏战略眼光,看到的只是眼前的利益,幸好张良从外面回来,及时阻止了刘邦。

张良反对分封,对他这个贵族来说,尤为不易。因为此时的张良已经不是当初那个热血复韩的年轻人了。他理智地认识到,随着战争的发展,局势逐渐明朗化,楚汉之争其实也意味着项羽、刘邦两个人中必有一人会得天下。复韩固然可以立于一时,但难免重蹈韩王成的覆辙,若此时赞同刘邦封六国,之后,不但不能灭了项羽,给韩王成报仇,反而会使局势变得更为复杂,所以首先要保住刘邦,使之与项羽抗衡,报仇才有望。

张良看明白了,六国并存的局面不会再出现了,古代的贵族社会也不可能恢复了,只有顺应历史潮流,才是唯一正确的选择。

张良这个时候阻止刘邦,是对局势做出的客观而准确的判断,他的目的是为了报韩王成之仇,只不过此时这个动机隐藏在为刘邦利益着想的表层之下。他将复仇行动由显性变成了隐性,将复韩之仇隐于与楚汉战争这个大的形势对决中，通过扶刘灭项来间接地达到自己为韩王成报仇的意图。在此之前张良称刘邦为"汉王"，现在则改称"陛下"并以"臣"自居，扶汉成了他完成报仇的一种途径，但这并不意味着他对韩不忠。

张良站在历史的关口，超越自己的身份，看到历史的方向，这一点才是最难能可贵的。

刘邦采纳了张良的建议，没有分封六国，但是分封了许多异姓王，比如赵王张耳、淮南王英布、楚王韩信、梁王彭越、长沙王吴芮等，这些都是当时战争状态下的无奈之举。

刘邦记住了张良的话，最终把异姓王一个不留地全部剪除了，但还是没能抵御住人性，他把自己的儿子封王了，和大家杀白马为盟，非刘氏不得封王。

不要相信人性，这是历史最直白的经验。

后来，刘邦死后还没凉透，他老婆吕后第一个站出来反对他，给吕家封王，并大杀刘氏宗亲。好不容易平定了诸吕，刘邦的子孙也靠不住，诸侯王跟中央政府离心离德，亲情和道德约束根本行不通，结果"七国之乱"爆发，险些颠覆大汉的大好江山。刘邦种下的恶果，到了汉武帝时期才通过"推恩令"等措施，彻底解决了这些分封问题，但也付出了很大代价。

第十一章　画箸阻封

此后的历史，凡是实行分封的，国家基本上都好不了。西晋好不容易统一了三国，结果大搞分封，闹出了"八王之乱"，不但把西晋灭了国，还使整个中华陷入长达三百年的大分裂时代。

隋唐还保留了一点儿分封的样子，但基本上可以忽略。到了宋朝，那就是连做做样子都没有了，分封根本想都不要想，给你个王的称呼，那就是跟官职官名差不多，跟西汉初期的王根本不是一回事儿。

到了明朝，朱元璋大肆分封儿子，给兵给钱，想让他们为保卫大明朝出力，还不断告诫孩子们要老实，要相亲相爱。结果老爹刚死不久，儿子就造了侄子的反，朱允炆没有汉景帝那么幸运，朱棣"靖难之役"造反成功了。

清朝入关后，为平定江南，封了三大异姓王，却最终酿成了"三藩之乱"，给人民造成了巨大的灾难。

这些都是分封在不同时期造成的恶劣后果。可以说，从商鞅变法开始，郡县制就代表了先进的制度，分封制本身的落后和腐朽性已经使其难以再登上历史舞台了。

张良的确是一位洞察秋毫的谋略家和富有远见的政治家。他看到古今时移势异，因而得出决不能照抄照搬古圣先贤之法的结论。张良的分析，鞭辟入里，切中要害，较之昔日请立韩王和处心积虑复韩的思想认识，显然是一个巨大的飞跃，这在中国古代政治思想史上占有重要一页，难怪1700年之后，还被明代思想家李贽情不自禁地赞叹为"快论"。

第十二章

虚抚韩信

张良
——从复仇者到帝王师

公元前203年，楚汉之争进入了一个关键阶段。两军在荥阳、成皋一带对垒，互有攻伐，却都难以取得决定性胜利。刘邦迎来了人生中最难熬的一段时光，他只能死扛。

当时，两军的形势似乎只取决于项羽，项羽在阵前，楚军就会处于攻势，胜利的天平就会向楚军倾斜；若项羽到了别的战场，汉军就会处于攻势。假设两军摆开来进行一场决战，项羽是可以一举打败刘邦的，或者项羽留在军前寻机和刘邦决战，也是有机会打败刘邦的。可是，项羽却有一个大问题，后方不稳，尤其是粮食供应。彭越带兵驻扎梁地，往来袭击楚国运粮部队，断绝楚军粮道。项羽首尾不能相顾，粮草供应困难，战事难有进展。刘邦虽然后方稳固，可是他的军队战斗力却难以和项羽相比，双方战事陷于僵局，你灭不了我，我也灭不了你。

当刘邦被项羽围困在荥阳的时候，韩信在北路战线上顺利进军，势如破竹。他先后平定了魏、代、赵、燕等地。此时，刘邦派谋士郦食其游说齐王田广归属汉国，郦食其发挥能言善辩、巧舌如簧的特长，很好地完成了使命，说服了齐王田广答应归属汉

第十二章 虚抚韩信

国。正在领兵准备攻打齐国的韩信，嫉妒郦食其的功劳，在谋士蒯通的怂恿下，挥军突袭齐国。由于齐国放松了对汉军的戒备，韩信很快就平定了整个齐国。项羽派大将龙且率20万楚军救齐，却被韩信打败，龙且阵亡，楚军全军覆没。

平定齐国后，在齐王的宫殿里，韩信第一次享受到王侯的待遇，富丽堂皇的齐王宫殿，美轮美奂的服饰和丰盛的美味佳肴，让受过胯下之辱的韩信感觉到了出头之日。

于是，韩信派使者赶往正被楚军围困的荥阳去见汉王刘邦，并带给刘邦一封信，信中说："齐国人狡诈多变，反复无常，齐国南面的边境与楚国交界，如果不设立一个暂时代理的王来镇抚局势，一定不能稳定齐国。为了有利于当前局势，希望允许我暂时代理齐王。"

韩信以稳定齐国为借口，摆明了是向刘邦要官做，但他又觉得自己不是真的想当齐王，担心刘邦不批准或者会惹恼刘邦，所以思前想后，在齐王前面加了一个"假"字，意思是我想要的齐王名分是个假的，这样刘邦就会接受了。

这时，刘邦正在荥阳被项羽大军围困，刘邦的心情，只能用难熬两个字来形容。韩信的使者到了，刘邦看了书信，不禁勃然大怒，怒气冲冲地骂道："我在这儿被围困着，日夜盼望着你能来帮助我,你却想自立为王。"

张良正坐在刘邦的旁边,他清醒地认识到,汉军主力实力孱弱,急需韩信的帮助。韩信的向背对楚汉战争的胜负有着举足轻重的作用,韩信一旦叛汉归楚,局面将难以收拾。况且,即使韩信远在齐地自立为王,刘邦也鞭长莫及,根本无力阻止。因此,张良、陈平两人一个暗中踩刘邦的脚,一个凑近刘邦的耳朵说:"目前汉王您的处境不利,您又怎么能阻止得了韩信称王呢?不如趁机册立他为王,很好地待他,让他自己镇守齐国、对付楚国。不然,可能会发生变乱。"

刘邦是一个聪明人,立即醒悟过来,他从张良和陈平的行动和言语中,意识到了自己刚才口无遮拦地怒骂韩信,可能造成促使韩信背叛汉国的危险。刘邦急中生智,故意用原来的腔调继续骂着:"大丈夫平定了诸侯,要做就做一个真王,为什么要做一个假王呢?"刘邦本来就爱骂人,有此一骂本不足为奇,况且前后衔接自然,天衣无缝,竟然没露出破绽。于是,刘邦派遣张良前往韩信军中,册立韩信为齐王,征调他的军队攻打楚军。

在楚汉战争中,刘邦和韩信的关系若离若合,十分微妙。尤其是在刘邦和项羽在最后对峙的时候,可以说韩信的态度决定了

第十二章 虚抚韩信

双方最终的结局，如果韩信和项羽联合，则刘邦必败无疑；如果韩信和刘邦联合，则项羽必败无疑。

刘邦和项羽都认识到了韩信的价值，虽说韩信是刘邦亲自任命的大将军，但自从韩信打败章邯，为刘邦夺得关中之地后，韩信就和刘邦分兵两处各自为政，可以说，韩信是相对独立的一支部队，加之楚汉战争时期，各个诸侯国之间说变脸就变脸，说分手就分手，那种看上去很牢固的合作关系，一旦遇到危机，即刻就会土崩瓦解。这一点刘邦非常清楚。

刘邦打仗十次九败，好几次把自己整成孤家寡人，动不动就跑到韩信那里，把韩信好不容易训练出来的精兵给带走归到自己帐下。刘邦曾经有一次吃了败仗，逃到了韩信大营，顺便把韩信的大将军印偷偷地拿走了，把韩信兵马全部带走。为了监视韩信，刘邦还把沛县一同参加工作的曹参、樊哙等人派到韩信帐下。

不过，韩信作为中国历史上最杰出的军事家之一，军事能力太强了，每次刘邦把他训练的士兵带走，他又能很快招募到新兵，并且把他们训练成一流的战士。

因此，张良从大局和长远考虑，劝刘邦忍下一时之气，采取权宜之计，授印齐王，对韩信暂时进行妥协，笼住韩信，以此避免韩信倒向项羽一方，并获得韩信的帮助。

刘邦派遣张良前往齐国，也是有政治目的的。

给人庆功授爵封王，原本是一件皆大欢喜的美差，吃饱了喝足了，说上几句好话，还能得到不少礼品。但这次给韩信授爵，却不是美差。刘邦本来是没打算封韩信为王的，不仅如此，他还当着韩信使者的面儿大骂。这些事情，想必韩信已经知道了。既然刘邦醒悟过来，这时候不得不满足韩信的要求，授予韩信齐王爵位，而且必须把这事做得正式，真的像那么一回事。按照刘邦的行事风格，多大的事情都可以随便对待，比如封韩信为大将军时，刘邦让萧何把韩信叫过来，萧何说这是任命大将军，不是呼唤小儿，必须高度重视，要有仪式感，刘邦这才筑坛拜将。如今，必须让韩信知道，刘邦封他为齐王是真心的。因此，这次出使，不是一次快乐的旅行，而是一次艰难的任务，刘邦需要张良担当此重任。

汉国使者要想到达齐国，还面临着路途上的艰难险阻。从荥阳到临淄，仅从路途上来说，虽然算不上多远，但荥阳以东是被楚军控制着的，使者要想到达齐地，必须绕道河北。刘邦正在受困于项羽，不可能拨出一支部队沿途护送。战乱年代，兵连祸结，三五个人在路上又难以确保安全，所以，这旅途本身就充满

第十二章　虚抚韩信

着艰难险阻。这个使者需要胆量、智慧和能力，只有张良能够担当此重任。

韩信打败了齐楚联军，杀了楚国大将龙且，已经在齐国站稳了脚跟，他敢朝刘邦要王位，说明他有这个底气。这时，楚军和汉军正处于胶着状态，已经没有能力两线作战，不能对韩信用兵。最好的办法，就是拉拢韩信，最低标准也是稳住韩信，不能让他成为汉军的敌人。楚军失去大将龙且后，项羽非常害怕，他知道了韩信的厉害，也看到了韩信的分量，于是，派出使者武涉前来齐国劝说、拉拢韩信，要他反汉联楚。韩信的谋士蒯通劝说韩信反汉自立。这就是刘邦准备派出的使者所面临的形势。

醒悟过来的刘邦，猜测到项羽不会无视韩信的存在，也会派人前去游说的，这就是刘邦违心给韩信王位的根本原因。所以，他派去齐国的这个人，既要惊动韩信，也要说动韩信。除了张良，别人没有这个能力。

册封韩信为王，在当时的汉营中，只有三个人有资格或者说具备条件：刘邦、萧何、张良，别无他人。

战争年代，文官的作用不如武将突出，武将都是韩信的下属，显然不行。还有一点，武将都在领兵打仗，抽不开身。这三

张良
——从复仇者到帝王师

个人中,刘邦困于战事,不能亲自前往。

萧何倒是比较合适。韩信原来是项羽的部下,官职是一个持戟郎中,不受重用。后来,韩信到了汉王刘邦军中,刘邦给了他一个治粟都尉的官职。韩信仍然觉得自己的才能不得展现,打算出走。是萧何把他追了回来,并力劝刘邦拜他为大将军,这就是"萧何月下追韩信"的典故。可以说,没有萧何,就没有韩信在刘邦阵营中的地位,也就没有韩信在赵、齐等地展现才能的机会,所以人们才说"成也萧何"。但是,萧何这时候远在汉中,为刘邦镇抚国家。大军在前方的粮草供应,军队士兵缺额的补充征调,刘邦完全仰仗依赖萧何。正是有了萧何这个后方依托,刘邦的腰板才挺得直,说话才有底气。所以说,萧何这时候也离不开,剩下的只有张良。

给韩信授予齐王爵位,张良的地位够吗?

张良曾经在博浪沙刺杀秦始皇,虽然没有成功,却使他名满天下。在早期反秦的豪杰义士当中,张良早早地拉起了一支队伍,在留县遇见了刘邦后,他把队伍交了出来,跟随刘邦闹革命。在刘邦进军咸阳,先于项羽进入关中的军事行动中,其谋略都是出自张良。刘邦对于张良的计策是言必听、计必从。鸿门宴前,张良得到了项羽要灭掉刘邦的消息,是张良说动了项伯,让

第十二章　虚抚韩信

项伯力劝侄子项羽不要杀刘邦，这等于是救了刘邦的命。张良在汉营中的地位之高，刘邦阵营中的人都知道。派张良给韩信授予爵位，会让韩信觉得刘邦对他足够重视，在战事吃紧的情况下，张良的到来，会让韩信觉得如刘邦亲临。

当然，刘邦考虑的是，除了韩信能够觉得这个人够分量，刘邦还必须要对这个人放心，否则，像这种智谋之士，一旦和韩信这样的军事干将结合，那刘邦又多了一个难以对付的强敌。

张良是这样的忠心之人吗？

张良的父亲、祖父两代做过五代韩王的相国，刺杀秦始皇，是因为秦国灭亡了韩国。等到刘邦和张良都归到了项梁拥立的楚怀王名下，张良劝说项梁立了韩国的后裔韩成为韩王，自己做了韩国司徒，他对韩国的忠诚由此可见。刘邦打下韩地以后，韩王成派张良跟随刘邦入关，先于项羽进入咸阳。刘邦做了汉王，张良把赏赐给他的财物全部转赠给了项伯，求项伯说服了项羽，把汉中地区赏赐给了刘邦。在送刘邦到汉中就国的时候，张良劝说刘邦，烧掉通往蜀地的栈道，向天下表示不再东归，以安项羽之心。

由此可以看出，不管是作为韩国的司徒，还是作为汉营的谋士，张良始终都是一个忠诚的人，从无二心。当韩王成在公元前

张良
——从复仇者到帝王师

206年被项羽杀了后,张良从此跟定刘邦,被封为成信侯,成事守信,此后,张良再也没有离开刘邦。

张良这个人,一生虽然没有举旗自立,但是他要选择跟随谁,却必定是自主思考的结果,绝不是他人能够拉拢的。刘邦知道这一点,所以会放心地让张良前去。刘邦知道,即便韩信想在齐国自立,他也无法说服张良留下,因为韩信也知道张良的为人。

韩信接到刘邦封自己真齐王的委任书之后,大为感动,于是,他铁了心要跟着刘邦干革命。项羽派人劝韩信背叛汉国归属楚国,被韩信拒绝。谋士蒯通劝韩信自立门户与项羽、刘邦争雄,三分天下,也被韩信拒绝。此后,楚汉战争的形势发生了重大的转折,刘邦正是借助韩信的力量,才渡过了危机时刻,迎来了战争的转机,最终战胜项羽,建立大汉朝。

第十三章 穷寇猛追

刘邦按照张良的下邑奇谋：分兵韩信开辟北方战场，擒魏、取代、破赵、胁燕、定齐；联络豪杰彭越，实施彭越扰楚的机动战略；结盟九江王英布，让英布举兵叛楚、使项羽前后不得相顾。

刘邦一直在下形势的大棋，他一直在玩战略，而项羽一直在玩战术，直盯着攻城和阵战的小棋子。

荥阳、成皋危急，他就在荥阳、成皋打刘邦一顿拳脚；梁地危急，他就带兵赴梁扇彭越一顿耳光；九江国叛乱，他就再回楚地抽英布一顿鞭子。

战场战术，项羽一直赢，刘邦被他打，彭越被他打，英布还被他灭了国。但是，在战略上，项羽却一直失手：魏王豹被擒，代国、赵国被破，齐国遭韩信突袭，彭越和英布这两个豪杰成了楚国死敌。

荥阳、成皋之战打到这时候，项羽已经陷入了战略窘境。

但是，楚霸王就是楚霸王，他在成皋、荥阳的战场较量上，始终力压刘邦一头，刘邦虽然战略得势，但在成皋、荥阳的战场

第十三章　穷寇猛追

上却只能勉强应付，楚霸王这个对手当真不好惹。

汉军方围钟离昧于荥阳东，项王至，汉军畏楚，尽走险阻。

战略被动的项羽在成皋、荥阳战场上，咄咄逼人；战略优势的刘邦却在荥阳、成皋战场上，处处被动。楚汉争霸仍然处在你也灭不了我，我也灭不了你的僵局之中。但是，成皋、荥阳的战场之外，发生了足以改变僵局的战略大变动。

韩信突袭齐国，项羽派大将龙且率20万楚军救齐，结果全军覆没。经历半年左右的齐地攻略，韩信军团终于开赴西楚。这一下彻底打破了荥阳、成皋的战场僵局。

尽管项羽力能扛鼎，勇冠三军，但他是一个人在作战，面对刘邦、彭越、英布，他可以无往不胜，但面对整个刘邦集团，西楚霸王项羽分身乏术，头尾不能相顾，楚军兵疲粮竭，力不从心。

天不怕、地不怕的楚霸王，害怕了，他感受到了恐惧。

项羽无奈，送回了被俘虏的刘邦的老父与妻子儿女，与刘邦讲和，双方商定以战国时魏国所修建的运河"鸿沟"为界，划分天下，东归楚，西归汉，立约解甲归国，各不相犯。这就是历史上著名的"鸿沟和议"。

项羽恐，乃与汉王约，中分天下，割鸿沟而西者为汉，鸿沟而东者为楚。

于是，项羽与刘邦结束了长达两年三个月的荥阳、成皋之战。

事实上，此时的局势对于项羽已经极为不利。

天下大势层面。双方在荥阳、成皋对峙早期，刘邦和项羽可以说是势均力敌，项羽还占据着一定的上风。但是，在张良的谋划下，到"鸿沟和议"时，刘邦已经通过军事征服和外交游说等方式，先后攻占魏地、代地、赵地、齐地，收降燕王臧荼、衡山王吴芮、九江王英布，从而掌控了天下绝大部分土地，并从东部和北部对项羽的控制区实现了半包围，而项羽的势力则逐步收缩。

军队战力层面。荥阳、成皋对峙期间，楚军虽然在正面战场上长期占据着优势，但随着时间的推移，他们的军队战斗力却在持续下降。对于刘邦来说，他的背后是自己直接占据的广大的巴蜀、关中地区，在萧何的经营之下，粮草兵员源源不断，这使得

第十三章　穷寇猛追

他的军队战斗力始终较为均衡。反观项羽方面，由于其远离自己的控制地区，补给线不仅比刘邦更远，而且长期遭受彭越的骚扰和阻截，在后勤补给、军队士气等方面已经出现了严重问题，这也是他被迫主动议和的原因之一。

综上所述，从荥阳、成皋对峙到垓下之战，由于刘邦和项羽的此消彼长，战争天平已经一步步倒向了刘邦。

缔结和约后，项羽认为真的实现了和平，便领军退走。公元前203年九月，项羽率十万楚军绕南路，向固陵（今河南太康）方向的迂回线路向楚地撤军。刘邦也想领军退走，过几天安稳日子，但是，刘邦手下的一个谋士可不想这么二分天下——还是张良。

正当刘邦打算率军西返汉中之时，张良以一个政治谋略家的深邃眼光，看出了项羽腹背受敌、捉襟见肘的处境，便与陈平同谏刘邦："如今汉据天下三分有二，此时正是灭楚的有利时机，宜猛追穷寇，毕其功于此举。否则放楚东归，如放虎归山，必将遗患无穷。"张良建议，立即撕毁"鸿沟和议"，趁楚军疲师东返之机自其背后发动偷袭。

汉有天下大半，而诸侯皆附之。楚兵罢食尽，此天亡楚之时也。

刘邦听了张良建议后,于公元前202年十二月,单方面撕毁了刚与西楚霸王项羽签订的"鸿沟和议",率领汉军突袭楚军,将楚军击败。刘邦亲自率领汉军追击楚军,追到夏南时,刘邦约韩信和彭越一起南下合围楚军。

但是,刘邦没想到,这个时候韩信和彭越并没有如期出兵,结果汉军在固陵(今河南太康)被项羽打败,刘邦赶紧撤退入陈下(今河南淮阳境内),筑起堡垒坚守不出。刘邦反被楚军给包围了。

于是,刘邦问身边的张良:"韩信和彭越为什么没有如期前来?"

诸侯不从约,为之奈何。

此时,张良对韩信、彭越的心思早已了然于心,对应之策已思谋成熟,见刘邦询问,答道:"楚军是可以被打败的,而韩信和彭越之所以没来,是因为他俩都没有封地,如果汉王能共分天下,那诸侯就会从约,建议汉王把陈(今河南淮阳)以东直到大

第十三章　穷寇猛追

海的大片领土封给齐王韩信,睢阳(今河南商丘)以北至谷城(今山东东阿南)封给彭越,如此楚军必败。"

楚兵且破,信、越未有分地,其不至固宜。君王能与共天下,今可立致也。

张良看出了韩信和彭越是无利不起早的人,要想他们出兵,得给好处才行。刘邦采纳了张良的意见,把这些土地都封给了韩信和彭越,还加大了封赏。

就这样,刘邦以加封土地为报酬,终于调动了韩信和彭越的大军南下,并同时命令刘贾率军联合英布自淮地北上,五路大军共同发动对项羽的最后合围。

五路大军共40万人,其中以韩信为主帅,率领30万汉军为主力,孔将军为左翼,费将军为右翼,刘邦坐镇后方,周勃、柴武等预备军在刘邦军后待命。

就这样,公元前203年十二月至公元前202年一月,楚汉两军在垓下(今安徽灵璧)进行了最后的大决战。

韩信率领汉军主力主动进攻楚军,刚开始的进攻并不顺利。不久,在孔将军和费将军率领的汉军夹击下,楚军三面受敌,项

张良
——从复仇者到帝王师

羽只好退回垓下城。

项王军壁垓下，兵少食尽，汉军及诸侯兵围之数重。夜闻汉军四面皆楚歌，项王乃大惊曰："汉皆已得楚乎？是何楚人之多也！"项王则夜起，饮帐中。有美人名虞，常幸从；骏马名骓，常骑之。于是项王乃悲歌慷慨，自为诗曰："力拔山兮气盖世，时不利兮骓不逝。骓不逝兮可奈何，虞兮虞兮奈若何！"歌数阕，美人和之。项王泣数行下，左右皆泣，莫能仰视。

在垓下之战时，张良深知项羽的性格缺点，他推测出项羽的最后希望在于重返江东，图谋再起，于是向刘邦进言，要攻心为上，不能让项羽逃回江东。刘邦采纳了张良的计策，让围困项羽的军队唱起了楚国的民歌。

这招果然奏效。在听到四面传来楚国民歌后，楚军将士无不思念家乡，以为楚地已经被汉军占领，导致军心涣散、士气低落。项羽眼见大势已去，心灰意冷，自知已经无力再图霸天下，便乘夜率领八百精锐骑兵突围南逃。

一代枭雄就这样被四面楚歌的攻心计打败了。

天明以后，汉军得知项羽突围，于是派遣五千骑兵追击。项

第十三章　穷寇猛追

羽一路奔逃,随行骑兵越战越少,在渡过淮水后,项羽仅剩百余骑相随。行至阴陵(今安徽定远西北)因迷路耽搁了时间,被汉军追及,项羽突至东城(今安徽定远东南),手下仅剩28骑。项羽指挥着28骑,来回冲阵,再次杀开一条血路,向南疾奔,直至乌江。在乌江边,项羽命从骑下马,以短兵与汉军搏杀,项羽仅一人就斩杀数百人。

这时,乌江上有一船夫,对项羽说:"江东虽小,地方千里,众数10万人,亦足王也,希望大王赶紧上船,随我至江东!"项羽叹一口气说:"这是上天要亡我啊,随我从江东出来打天下的八千兄弟,现在一个也没有活下来,我还有什么面目面对江东父老!"

天之亡我,我何渡为!且籍与江东子弟八千人渡江而西,今无一人还,纵江东父兄怜而王我,我何面目见之?纵彼不言,籍独不愧于心乎?

项羽向汉军喊道:"我听说刘邦悬赏千金、封万户侯来拿我的人头,现在我把它给你们了!"于是,自刎而死,年31岁。

垓下之战,既有和虞姬的生离死别,也有四面楚歌的悲凉凄切，还有和众手下的深情真意，更有28骑数战无双的骄傲，最后孤傲地自刎乌江，一代英雄就此落幕！

垓下之战，汉王刘邦终于打赢了西楚霸王项羽一次，当然一次就够了，刘邦彻底消灭了项羽。

刘邦最终能够打败项羽，完全是因为他采纳了张良的正确战略——占据巴蜀、关中大粮仓，联合各路诸侯。虽然屡战屡败，却就是"打不死"。刘邦胜在了战略，胜在了大局，胜在了战场之外，但刘邦更胜在了团队，胜在了天下联盟。反观项羽，虽然百战百胜，但是由于战略失误，没有真正的大本营，垓下一战，就身死名灭了。

垓下之战汉军全歼楚军，楚地皆归汉，唯独项羽原封地的鲁地人不肯投降（楚怀王曾封项羽为鲁公），后刘邦将项羽首级给鲁地人看，鲁地人这才投降。

历时4年半之久的楚汉战争终以刘邦的胜利而告终，结束了秦末以来混战的局面，统一了天下，奠定了汉王朝四百年的基业。

公元前202年二月，刘邦封韩信为楚王，彭越为梁王。韩信和彭越联合原来的燕王臧荼、赵王张耳以及长沙王吴芮共同上书刘邦，请他即位称帝。刘邦再三推辞，韩信他们说："大王虽然

第十三章 穷寇猛追

出身贫寒,但能率领众人扫灭暴秦,诛杀不义,安定天下,功劳超过诸王,您称帝是众望所归。"刘邦顺水推舟地说:"既然你们大家都这样看,觉得有利于天下吏民,那就按你们说的办吧。"于是,刘邦在山东定陶氾水(今山东曹县北)之阳举行登基大典,正式即帝位,定国号为汉,后世称为西汉,刘邦就是汉高祖。

同年五月,汉高祖在洛阳南宫举行庆功大典,大宴群臣。席间,觥筹交错,君臣共饮。刘邦显得特别高兴,当论及楚所以失天下,汉所以得天下时,高起、王陵等大臣都称赞是因为他大仁大义。刘邦道:"夫运筹帷幄之中,决胜千里之外,吾不如子房;镇国家,抚百姓,给饷馈,不绝粮道,吾不如萧何;连百万之众,战必胜,攻必取,吾不如韩信。"

在这里,刘邦道出了之所以得天下的原因,关键是能任用张良、萧何、韩信三人,并且他把张良列为三杰之首。他盛赞了张良,说张良坐在军帐中运用计谋,就能决定千里之外战斗的胜利,刘邦的评价是中肯的。

第十四章

劝都长安

第十四章　劝都长安

公元前 202 年二月，刘邦登基称帝。作为开国皇帝，刘邦在楚汉之争胜出后，面临的最大任务便是建立新政权，确定国都。他希望大汉王朝能成为长治久安的伟大帝国。

古人定国都，是建国的头等大事，是有很多讲究的，要看风水、观星象，以祈求在冥冥之中寻找天地密码。这密码的核心，就是能不能坐得住，能不能坐得稳，能不能坐得久。

在刘邦看来，把自己的政治权力中心建在全国中心位置的洛阳，有利于统治天下，也方便控制周边各诸侯国。所以，在定都的问题上，刘邦本身倾向于定都洛阳，而且刘邦手下这些功臣大都来自丰、沛（今江苏徐州一带），距离洛阳不算远，现在功成名就，让他们背井离乡在外地继续打工，他们显然心不甘、情不愿，所以也都赞同定都洛阳。

当时有这样一个说法，叫作富贵不还乡，如锦衣夜行。对于诸位开国将领来说，如今统一天下建立政权之后，当然要荣归故里，一来是很有面子，二来是讲究落叶归根，于情于理，刘邦定都洛阳的这个方向似乎都是正确的。

就在这时,一个叫娄敬的齐国年轻人,被征调到陇西郡(今甘肃临洮)去当兵,路过洛阳时,他找到一个在刘邦手下为将的齐国同乡,要求见皇帝刘邦。刘邦立即召见了娄敬。娄敬问道:"陛下您定都洛阳,是想效仿周室吗?"刘邦点头。

娄敬说:"周朝的祖先,积德积善十代有余,又经过亶父、季历、姬昌、姬发数代经营,才使各封国归附,四海之内一片祥和,所以周朝定都洛阳,可以用仁德征服天下。而陛下崛起丰沛,席卷蜀汉,平定三秦,跟项羽在荥阳、成皋一带缠斗,大战七十余次,小战无数,老百姓死亡无数,尸骨遍野。现在民众的哭泣尚未停止,伤病的士卒尚未起床,各地的反抗尚未平息,定都洛阳是非常危险的。"

娄敬最后说:"秦国的关中地区,有峻山险河为屏障,四方关塞稳如磐石,有急难时,关中的户口可以很快集结百万雄兵,秦国当年就是因其独有的地理和发达的生产力,才达到了前所未有的空前盛况,所以有天府之国的美誉。如果陛下能够进关中定都,即便函谷关以东发生叛乱的时候,关中地区仍可保持安宁,这就是最好的屏障。两个人打架,最好的方法就是扼住对方喉咙,使其腹背受敌,而陛下如果定都关中,就是控制了关中地区,扼住天下之喉,有了压天下之辈的优势。"娄敬建议刘邦定

第十四章 劝都长安

都关中。

娄敬的这个分析是非常有道理的,关东地区以平原为主,在地理上没有优势。但是关中则不然,关中号称八百里秦川,最大的优势就是物产丰富,若是出外作战,这里就是一个很好的粮仓,可以快速供给战争所需的粮食,一旦自己在作战之中处于劣势的时候,在地理上仍占优势,因为自己家就有足够多的粮食。因为当时的关中,被称为"天府之国"。

说起"天府之国",人们通常想到四川成都平原。很多人不知道,中国最早被称为天府之国的地方是关中平原。现在的关中,第一感觉就是陕西的黄土地,即《平凡的世界》里"连绵的黄土高原""枯黑的草木""铺天盖地的大风",以及各种影视剧作品中枯黄的背景色。这些与成都平原延伸到天际的绿色田野之景象确实相形失色。

关中平原的繁荣可以追溯到远古蓝田人时期。在陕西蓝田猿人化石出土的附近,出土了剑齿象、大熊猫、水鹿等40余种动物化石,这说明蓝田猿人所生活的秦岭北麓,在当时气候温暖、湿润,植被繁茂,很适合原始人类繁衍和生息。当时的陕西还没有黄土高坡,每一处山岭、每一条沟壑都郁郁葱葱。

"天府之国"的由来,是《战国策》中苏秦向秦惠王进言,称赞秦国说:"田肥美,民殷富,战车万乘,奋击百万,沃野千里,蓄积饶多,地势形便,此所谓天府,天下之雄国也。"

秦统一天下前后关中的农业已是相当发达,土地大量开垦,牛耕普遍采用,已经出现了铁犁,还修建了郑国渠,灌溉田地4万顷。此时的关中平原可谓是沃野千里。历史上秦国几次迁都但都未出关中平原,秦始皇统一天下之后更是将全国富豪12万户聚集到咸阳,从而使咸阳一跃成为当时世界上最大的城市,富甲天下。

然而,长期的人类活动对水土资源的过度利用,导致黄河流域资源性缺水,生态破坏严重。特别是安史之乱之后,全国经济重心南移,巴蜀地区逐渐加强与南方的经济互通。唐末以后,北方气候由湿润气候变为半湿润气候,秦岭森林、黄土高原及北方水资源恶化,就此已不利于农业的发展繁荣,关中平原经济就此衰落,成都平原逐渐兴盛起来,成为新的"天府之国"。

关中地区地理位置非常好,关中就是四关的中心位置。因其北有萧关,南有武关,东有潼关,西有散关,而关中就是在这四关之间,四周都是高山大河,易守难攻,是一个蛰伏发展的有利位置。

对于初具规模的汉朝来说,正是最适合不过的政治发展中

第十四章　劝都长安

心。但刘邦此时心里仍有犹豫，因定都之事非同小可，一个人也拿不定主意，便召集群臣商量这件事情，但刘邦从群臣那里也得不到客观的答案，因为各位大臣将领"皆是关东人"，都不愿进入关中。

有大臣对刘邦说："周王朝定都洛阳时，有数百年之富强，而秦王朝仅有二世就灭亡，可见关中的地利，根本无法保证政权的稳固。而洛阳城东有成皋之险，西有崤山、渑池，北有黄河，东有伊水、洛水，地形非常有利，还是建都洛阳为好。"

洛阳东有成皋，西有崤、渑，背河，向伊、洛，其固亦足恃也。

事情发展到这一步，再次陷入了僵局。就在刘邦犹豫不决的时候，他想到了一个人，还是张良。张良长期追随刘邦，做刘邦的智囊，在推翻秦朝以及楚汉争霸战争中，张良屡献奇谋，为刘邦平定天下、建立汉朝立下了奇勋。

于是，刘邦在私下征求张良的意见。

张良从小就生活在关东的韩地，也就是现今的河南洛阳附近。洛阳一带的地理位置、生活习惯等都跟他相符，但张良没有从个人私利出发，而是以大局为重。他说："洛阳虽有此固，其中小，不过数百里，田地薄，四面受敌，此非用武之国也。夫关中左崤函，右陇蜀，沃野千里，南有巴蜀之饶，北有胡苑之利，阻三面而守，独以一面东制诸侯。诸侯安定，河渭漕挽天下，西给京师；诸侯有变，顺流而下，足以委输。此所谓金城千里，天府之国也，刘敬说是也。"

张良所说的刘敬，就是娄敬。娄敬因为有功劳，得赐刘姓，这在古代是很光荣的事，所以《史记》中称娄敬为刘敬。

张良这番话是什么意思呢？是说洛阳虽然也有地利，东有成皋，西有崤山和渑池，背靠黄河面向洛水，有险固之处，但是洛阳地区地域太狭小，方圆不过数百里，而且土地贫瘠，物产不丰富，四面平原容易受到包围，的确不是用武之地，不适合作为都城。而关中左边有崤谷及函谷关，右边有陇中、西蜀，沃野千里，南有物产丰富的巴中、蜀中，北有可以同游牧民族进行贸易获取马匹牲畜的优势，西面、南面、北面都是天然的屏障，易守难攻，只需少量军队就可以固守。关中向东一面也可居高临下，管理诸侯，若是诸侯听话安定，可以利用黄河及渭水运输便利，将天下货物供品供给京师，若诸侯有变，顺流而下，又可方便讨伐。陛下难道忘了我们不正是凭借这些有利条件，才最终战胜项

第十四章　劝都长安

羽的吗？此所谓金城千里，天府之国也，臣以为刘敬的看法是正确的。

张良和刘敬所持的意见是一致的，他告诉刘邦：定都洛阳虽然是一个美好的愿景，但是并不适合现在的汉朝。你现在想端坐在洛阳宫中，像周天子那样享受天伦之乐，是完全不切实际的，因为诸侯就是隐患，以后打仗的日子还多着呢，要放弃幻想，随时准备讨伐诸侯。从合理性的角度分析，如果想以后有一个稳固长远的发展，定都关中才是可行之计。

换个角度看，洛阳虽然是周朝国都，天下之中，但是春秋战国500多年时间内，诸侯国争霸把这里作为战场，秦国、晋国、楚国、郑国以及后来韩国、魏国在这里反复作战，早已经衰败。而秦国崛起过程中苦心经营关中几百年，关中早成了富饶之地，又吞并了巴蜀地区作为后方。秦朝统一后更是把六国的富户贵族迁移到这里，经济空前繁荣。

刘邦从巴蜀起兵，依靠关中赢得天下，这里是后方根据地，定都长安是顺其自然。张良能依据实际情况具体分析洛阳与关中的区别，摆事实、讲道理、条分缕析，以详实的事实说服刘邦及众位大臣，认为迁都关中胜过定都洛阳，使西汉在战略地理上占据了进可攻、退可守的主动权，驳斥秦都咸阳仅历二世，周都洛阳延续几百年的观点，客观分析两地对新生汉政权的利弊。

都城是一个国家的政治中心，往往同时也是一个国家的经济、文化中心，犹如国家的心脏。那么，建都一般需要满足哪些条件呢？英国地理学家柯立希在其所著的《大国都》中，归纳总结了一个城市适合作为一个大帝国都城的三个条件，即物资储备、交通便利、有效防御。站在今天的角度来看都城的功能，柯立希所提的这三点仍很重要。从经济上来说，首都要建立在自然资源相对富足的地区，充裕的粮食在古代对都城的影响极为突出；从地理位置上来说，首都要建立在有助于政情上传下达的位置，最好是"天下之中"；从交通上来说，首都要建立在交通便利处，尤其是位置不在"天下之中"时，必须靠便利的交通来保证信息和物质交流的畅通；从军事上来说，首都要建立在那些有险可守的地区，以利于防卫的稳固；从政治上来说，首都要建立在有利于控内御外的地区，以取得统领天下的地势与气势。此外，首都的建立有时还会考虑与政权发源地的远近、建都地区的文化特色等因素。从国家长治久安的角度来考虑，定都关中长安自然是西汉初年刘邦的最好选择。

张良的分析全面而深刻，又加上他一向颇负众望，深得刘邦信任。如果说娄敬提出的建议是点醒了刘邦，让刘邦感受到定都

第十四章 劝都长安

洛阳与长安之间的区别，那么张良的这一番话，才真正说动了刘邦，让刘邦最终下了定都关中的决心。

公元前202年八月，刘邦正式迁都长安（今陕西西安西北）。

第十五章

谏封叛臣

第十五章　谏封叛臣

俗话说："一个篱笆三个桩，一个好汉三个帮。"刘邦之所以能够取得天下，并非是他自己多有能耐，而是有大批的谋臣、武将辅佐他，这些人追随刘邦南征北战，栉风沐雨，流血负伤，历尽艰辛，为刘邦创建大汉江山立下赫赫战功。张良有画策运筹之功，萧何有镇抚国家之功，韩信有攻城略地之功，彭越有背后扰楚之功，英布有牵制项羽之功……

这些人如此卖力卖命，现在刘邦建立了汉朝，自然不能亏待他们，要重重封赏这些开国功臣。这些功臣都希望自己能够封王封侯，获得土地食邑，这也是人之常情。

这里介绍一下食邑制度。

食邑制度是君主封赐给宗室、外戚和功臣封邑的制度。受封者在封邑内按规定户数征收租税，享有统治权利并对君主承担义务，统治权利还可以世袭。封邑大小按封爵等级而定。通俗地理解，就是国家划出一块土地，这块土地上的人们以及他们生产出的物资要无偿交给受封之人，并且这个特权还能继承。一般来说，功劳越大，爵位越高，食邑越多。

张良
——从复仇者到帝王师

其有功者上致之王，次为列侯，下乃食邑。

这是刘邦在赏赐功臣时所做的承诺，被后来汉朝皇帝视为祖训，大概意思是：立了大功的封为王，次一等的为列侯，都可被赐予食邑。只不过，在刘邦之后的其他皇帝再也没有封过异姓王，这个承诺仅完成了一半。

汉朝初年的分封是将分土、分爵和分民相结合"三位一体"的制度。封侯可谓是一步到位，爵位、土地、百姓，统统到手。即在封侯之时，相应的食邑就已具备。当时的诸侯王、列侯待遇高，权力大，对中央政府产生了威胁。后来，经几代皇帝的共同努力，才逐渐解决这一问题，加强了中央集权。

汉初规定非军功者不得封侯。

为了奖励军功，无论贵族还是庶人，甚至刑徒和奴隶，只要在战场建功立业，都有机会赐爵获封。功劳的大小决定食邑封爵的程度，这就给了底层人民晋升上层的机会，促进了社会流动，同时也淘汰了部分尸位素餐的贵族，为地主阶级注入了新鲜血液。所以，食邑制度以功劳封爵的原则，是一个巨大的进步。

第十五章　谏封叛臣

公元前201年，刘邦大封子弟、功臣为诸侯。其中，刘邦的二哥刘仲被封为代王，刘邦的儿子刘肥被封为齐王，帮助刘邦打败项羽的三员大将，韩信改封为楚王，英布被封为九江王，彭越被封为梁王，丰、沛集团的核心功臣萧何、曹参、樊哙等人则被封为侯爵。

汉兴自秦二世元年之秋，楚陈之岁，初以沛公总帅雄俊，三年然后西灭秦，立汉王之号，五年东克项羽，即皇帝位。八载而天下乃平，始论功而定封。讫十二年，侯者百四十有三人。

刘邦分封功臣不是一次性的，而是分批分次进行的。分封之后，刘邦对功臣说："纵然黄河之水如细带，泰山之高为平地，你们的封地也将永远流传，惠及你们的子孙后代。"

论功行赏之时，刘邦对张良说："运筹帷幄之中，决胜千里之外，是子房的功劳。你自己挑选齐地3万户作为封邑吧。"

齐地濒临大海，物产丰饶，人民富庶。在齐地优选3万户作为封地，意味着拥有巨大的财富。要知道，刘邦嫡系部将里公认的文武第一人，萧何、曹参，才只不过是"万户侯"而已。

这个时候，有人表示不服了："张良从来没有带兵打过仗，没有战功，凭什么封万户侯？"

对于张良的功绩，刘邦心里是非常清楚的。刘邦笑着对大家说："张良确实没有带兵打过仗，但他却能够指挥你们这些带兵打仗的将领打胜仗。没有他的谋略，你们打不了胜仗。"

汉六年正月，封功臣。良未尝有战斗功，高帝曰："运筹策帷帐中，决胜千里外，子房功也。自择齐三万户。"

但是张良却很谦虚，他回答说："当初我起兵下邳，在留县与陛下相会，这是上天将我交付给陛下。陛下使用我的计策，侥幸有时能够成功，我希望受封留县就满足了，不敢接受3万户。"

刘邦接受了张良的意见，封张良为留侯，将留县授给张良作为封邑。

刘邦先行封赏了萧何、曹参、张良等20多个功劳特别大的人，其余未被封赏的功臣因为在评定功劳时争执不下，致使封赏难以进行，这事就搁置下来了。

但是，很多将领不明白其中的缘由，有的人怀疑刘邦舍不得爵位，有的人猜测刘邦在寻找诸将昔日的过失，甚至准备要把一

第十五章 谏封叛臣

些功臣杀死。正因为如此,诸将们每天聚集在洛阳南宫河边的沙地上,不停地指手画脚、议论纷纷,以发泄心中的怨气。

这天,刘邦与张良正在洛阳南宫闲谈,忽然他从楼阁上望见诸将们三三两两地坐在沙地里议论。刘邦便问张良:"他们这是在谈什么呢?"张良早就探知了这些人的动向,回答说:"陛下不知道吗?他们是在谋反呢。"刘邦说:"天下刚刚安定,为什么又要谋反呢?"张良说:"陛下以平民百姓的身份起家,靠这帮人夺取了天下,现在陛下做了天子,而封赏的都是萧何、曹参等老朋友和亲近的人,而诛杀的都是陛下生平所怨恨的人。现在军吏计算功劳,认为天下之地不够用来封赏,这帮人害怕陛下不能对全部功臣进行封赏,恐怕又被怀疑到往日的过失而遭诛杀,所以就相聚商量造反之事。"刘邦听后,不禁忧虑起来,问张良:"这该怎么办呢?"

张良说:"陛下平生所憎恶而为群臣都知道的人,是谁?"刘邦说:"雍齿与我有宿怨,他曾经多次使我受辱非常窘迫。我想杀了他,只是因为他的功劳大,所以不忍心。"

雍齿是沛县人,跟刘邦是老乡。雍齿出身豪强,在当地非常有势力,他为人豪爽,喜欢行侠仗义、广交朋友,因与同县豪强王陵意气相投,由此结为异姓兄弟。刘邦未发迹时,在王陵身边当小弟，通过大哥的介绍，得以结识雍齿。不过，雍齿根本瞧不起刘邦，原因很简单，刘邦只是乡里的混混头子，雍齿却是县里的混混头子，不论是从资产、势力，还是关系、人脉等方面，雍齿都要比刘邦强得多。

等到刘邦在沛县起兵反秦后，做起了沛公。王陵因为不肯屈居小弟之下做事，便拉起一支千余人的队伍，到南阳郡从事反秦活动。雍齿原本也想跟着王陵出走，但终究舍不得家室和产业，便极不情愿地加入到刘邦的队伍中。刘邦虽然知道雍齿看不起自己，但对他却是极为信任，每逢外出作战期间，必会命他留守根据地丰邑。

然而，雍齿终究还是难以消除对刘邦的轻蔑感，也不相信他能成就大事。因此，当刘邦在外作战期间，雍齿竟然暗通魏将周市，将丰邑拱手献给魏王咎。

这可是刘邦的第一桶金，是事业的开始，可以想象刘邦受到的打击之重。刘邦得知老巢被端后大怒，不顾兵少，火速从前线撤军来攻打丰邑，但屡次都被雍齿击败，甚至因此把刘邦急出一场大病。

纵观整篇《史记·高祖本纪》，刘邦除了晚年生病而死和其他几次外伤之外，可以说，这次是唯一一处关于刘邦生病的明确

第十五章 谏封叛臣

记载,可见雍齿真的是把刘邦给气坏了。刘邦不得已只好率残众投奔楚军主帅项梁,并在他的援助下才得以夺回丰邑。

雍齿失守丰邑后不久,魏王咎被秦军主将章邯击杀,雍齿无法在楚地存身,便渡过黄河去投奔赵王歇,并在他的手下做了一名将军。楚汉战争期间,赵王歇跟随项羽与刘邦交战,屡屡威胁汉军的侧翼,而雍齿也经常参与其中,因此更让刘邦对他恨之入骨。

公元前204年,汉军主帅韩信在井陉背水一战,大破赵军,一举攻灭赵国,雍齿因为走投无路,便再度投降刘邦。起初刘邦并不想接纳雍齿,甚至还想把他斩首示众,以泄心头之恨,好在王陵多次出面调解,才让雍齿避免杀身之祸。雍齿投降后不久,便被任命为将军,但在刘邦心目中的地位却大不如昔。

刘邦对雍齿的记恨,主要是在自己起兵之初就遭到了老战友的背叛,但又因为雍齿的确有一定的军事能力,留着他有用处,所以没有杀他。

雍齿与我故,数尝窘辱我。我欲杀之,为其功多,故不忍。

雍齿虽然为人反复,但就能力而论,的确是一位出色的将

163

领。雍齿再次依附刘邦后，无论是攻城还是野战，都有不俗的表现，在战场上大小数十战，立下了赫赫战功。雍齿虽然立功很多，但很清楚刘邦对他怀有的刻骨恨意，因此在建汉后众将争战功、争爵位时，他从不敢加入其中，生怕被抓住把柄，遭遇杀身之祸。

张良给刘邦出了一计："陛下现在赶快封赏雍齿给诸位将领看，这样就会产生示范效应，诸位将领看到雍齿被封赏，自然就会打消疑虑，消除叛心。"

于是，刘邦依据张良的计策，大宴群臣。在酒宴上，刘邦对他最憎恶的雍齿优先进行了封赏，封雍齿为什邡侯，食邑2500户，并催促丞相和御史大夫等相关官员赶快评定各位将领的功劳以便进行封赏。

诸将都知道，刘邦平素最憎恶雍齿，如今见雍齿都受到了很好的封赏，纷纷拍手相庆，知道自己得到的封赏一定错不了，因而都打消了疑虑，高兴地说："雍齿都能封侯，我们这些人没有担心的了。"此后大家都不再恐惧和抱怨。

不久，诸将根据功劳的大小，陆续得到高低不等的爵位和封地。就这样，刘邦依靠张良的计策，转眼之间就将一场潜在的巨大危机化于无形。

第十五章 谏封叛臣

雍齿从来没想到自己能被封为侯爵，还食邑 2500 户，虽不及张良的万户，却也是独占一方的诸侯。因此他得到任命后，便高高兴兴地带着家人赶往什邡（今四川什邡）就封，并在那里安享富贵。

刘邦早已断了干掉雍齿的念头，让他老老实实地活着，直到终老死去吧。

公元前 192 年，雍齿在就封 9 年后去世。雍齿死后，子孙世袭爵位，直到公元前 112 年，他的曾孙什邡侯雍桓，因罪才被削除爵位。

众所周知，刘邦是个心胸狭窄之辈，但凡得罪过他的人，最终都会遭到打击报复，比如韩信、英布、彭越等人都是如此。刘邦分封雍齿，完全是出于大局观，他对雍齿的记恨一点都没有减少，并且转移到了雍齿的朋友王陵身上，就因为王陵是雍齿的好朋友，所以很晚才被封赏。

> 以善雍齿，雍齿，高帝之仇，而陵本无意从高帝，以故晚封。

刘邦最痛恨的人，竟然安然无恙地在封地上做了多年的列侯，相反，为刘邦的大汉基业立下了汗马功劳的一些功臣名将，却惨死在刘邦的手里，不由得让人感叹天意弄人！

雍齿最应该感谢的人是张良。

第十六章

明哲保身

张良
——从复仇者到帝王师

这里有一份名单：臧荼、韩信、陈豨、卢绾、英布、彭越、韩王信等。

这些是什么人？

他们都是和刘邦一起创业的伙伴。

他们有什么共同特点？

他们创业成功后都被刘邦诛杀，或死或逃。

"飞鸟尽，良弓藏；狡兔死，走狗烹"的故事为世人熟知。范蠡在辅佐勾践成就霸业后，离开时对同是功臣的文种说了这番话，劝他引退，但文种没采纳，结果最后被杀。这成为千百年来君主诛杀功臣的例证。而这句名言也成为千古名句。

许多人把王朝建立后即大肆诛杀功臣归结到君主个人问题上，给予指责。但是，只要在中央集权的体制下，君权与相权的冲突就在所难免。创业时期，由于斗争需要，往往会出现政出多门的现象，兵权、政权也为部下分管。但一旦到了统一时期，为了稳定需要，实行中央集权，君主就只能收归大权了。对于不肯交出权力的臣子，就只能下手了。这是中央集权的体制之下的一

第十六章 明哲保身

种历史必然。

然而,张良并没有在这份名单上,这何其幸运!

刘邦杀戮了很多功臣,连丞相萧何也被治罪下狱。"汉初三杰"中唯有张良善始善终,在兔死狗烹的环境中却能安享晚年,堪称奇迹。

张良是怎么做到的呢?或许,从一些小细节中可以看出些端倪。刘邦分封功臣的时候,张良获得的封赏是"自择齐3万户",然而出乎意料张良却谢绝了,他只要了留县这个地方,成为留侯。

那么,留县这个地方有什么特别的呢?

这里是张良和刘邦第一次相遇的地方。当初两人在投奔楚王景驹的路上在留县巧遇,一见如故,相遇即相知,张良觉得遇到了人生伯乐,于是决定追随刘邦。

张良认为留县是自己当年与刘邦相逢的地方,是自己人生的一个重要转折点,由此一步步走向辉煌。因此,张良对留县有深厚的感情,要求刘邦将留县授给自己作为封邑。

留县是一个小县,人口不多,物产也不够丰富,其能够出产的财富远不能与齐地的3万户相比,但张良并不计较这些,而是以拥有留县为满足。张良只选择留地,表明了自己不贪恋功名富

张良
——从复仇者到帝王师

贵,永怀知遇之恩,尽守君臣之道的心境,可谓大智慧。

张良长期追随刘邦,作为刘邦的智囊,深谙形势的变化,洞悉刘邦的为人。在与汉王唇齿相依的战争年代,他这位帝师对刘邦无所不言。自从刘邦入都关中,天下初定,皇位逐渐稳固,张良的态度就开始变了,他借口多病,闭门谢客,不问世事,逐步从"帝者师"退居"帝者宾"的地位了。

留侯从入关,留侯性多病,即道引不食谷。杜门不出岁余。

张良遵循可有可无、时进时止的处世原则,不争功,不争权,不争利,远离权力中心,以恬淡的生活为乐,虽无权无势,但始终无忧,得享天年。张良之所以这么做,是因为他深知"兔死狗烹、鸟尽弓藏"的道理。

张良对人表白自己的意愿说:"我家几代相韩,到韩国灭亡时,不惜花费万金的资本,为韩国向强大的秦国报仇,天下震动。现在凭三寸不烂之舌作帝王师,封赏万户,位至列侯,这是平民百姓能到达的极点,对于我已经足够了。我希望抛弃人间俗事,想跟随上古仙人赤松子去遨游。"

第十六章　明哲保身

留侯乃称曰:"家世相韩,及韩灭,不爱万金之资,为韩报雠强秦,天下振动。今以三寸舌为帝者师,封万户,位列侯,此布衣之极,于良足矣。原弃人间事,欲从赤松子游耳。"

他选择了功成不居,急流勇退,辟谷修道。

汉高祖刘邦伪游云梦诈捕韩信,张良也在场,但是张良却选择保持沉默。张良不但对韩信之死不出手相救,对刘邦铲除其他异姓诸侯王、杀戮开国功臣,张良也都极少参与谋划,他选择袖手旁观、明哲保身。

因为他深知皇帝与开国功臣一起打天下时往往亲如兄弟,等到天下大定后却视为心患,皇帝杀功臣跟个人恩怨无关,他们考虑更多的是江山存亡、政权稳固,开国功臣会不会成为将来的威胁。

他看明白了刘邦的意图,刘邦欲强化皇权,建立中央集权专制的家天下帝国,从而巩固刘氏江山。刘邦逐一剪灭异姓诸侯王,取而代之的是自己的宗族子弟,其实就是"家天下"和"共天下"的政治格局在斗争。张良倘若出手相救,不就是支持"共天下"的政治理念吗?这样就跟刘邦的理念产生冲突,后果难以想象。何况张良早在楚汉战争时就认同了大一统的理念。

张良
——从复仇者到帝王师

在西汉初年皇室内部明争暗斗中,张良也恪守"疏不间亲"的古训,体现了他的大智慧。

公元前197年,朝廷上层出现了一场新的危机。汉高祖刘邦原本立吕后所生的长子刘盈为太子,后来因为宠爱戚夫人,便想废掉刘盈,改立戚夫人的儿子赵王如意为太子。大臣们得知刘邦想改立太子,都去劝谏刘邦不要这样做,刘邦犹豫未决。吕后害怕刘邦废掉刘盈,惶恐不安,但又不知怎么办。

有人提醒吕后说:"留侯善于出谋划策,皇上一直信任他。"于是,吕后让自己的长兄建成侯吕泽去见张良。吕泽对张良说:"您是皇上的谋臣,现在皇上想改立太子,您哪能高枕无忧躺着不管呢?"张良说:"当初皇上多次处于危急之中,幸而听从了我的计谋。现在天下安定,因为自己的偏爱想改立太子,这是父子骨肉之间的事,即使我们一百多人都劝谏又有什么效果?"吕泽强行要求说:"替我出条计策。"张良便说:"这件事很难用口舌去相争,只能想别的办法。天下有四个高士,称为'商山四皓',分别是东园公、甪里先生、绮里季和夏黄公,这四个人年纪都老了,皇上曾经请过'商山四皓',但他们认为皇上傲慢、轻侮,所以逃避躲藏到山中,不想做汉朝臣子,然而皇上推崇这四个人。如果现在您能够不吝惜金玉布帛,让太子写信,用谦卑

第十六章 明哲保身

的言辞、安稳的车子,派能言善辩的人去敦请,他们应该能够到来。'商山四皓'到来后,要作为贵客招待,让他们经常跟随太子上朝,使皇上看到他们,那么皇上必定感到惊异而询问,皇上知道这四人很有贤德,这对太子是一大帮助。"

于是,吕后让吕泽派人捧着太子刘盈的书信,用谦卑的言辞和丰厚的礼物,去迎接"商山四皓"。四位老人果然应邀前来,客居在吕泽的家里。

公元前196年,淮南王英布发动叛乱。当时正赶上刘邦生病,刘邦想让太子刘盈带兵前去平叛。刘盈不知道怎么办,吕泽请教"商山四皓"。四位老人对吕泽说:"我们来的目的,是为了保存太子的地位,如果太子亲自统率兵马去打仗,事情就危急了。太子出征,如果立有战功,那么权位也不会超过太子;如果无功而回,那么从此就要遭受祸害了。现在戚夫人日夜侍候皇上,赵王如意经常被抱在皇上面前,皇上说:'终究不能让不像我的儿子居在爱子之上。'很明显,赵王如意会代替太子的地位。您赶快请吕后向皇上哭诉英布是天下猛将,善于用兵,现在诸位将领都是陛下从前的同辈,却让太子去统率他们,这无异于用羔羊来带领群狼,到时候没有人肯为太子出力,那么汉军必败无疑。而且让英布听到这种情况,他就会大张旗鼓向西挺进。皇上虽然生病，如果强打精神乘坐卧车，躺着监护军队，诸将不敢不尽力奋战。皇上虽然辛苦，但为了大汉江山和妻子儿女，还是勉为其难吧。"

吕泽听了四位老人的话，立即去见吕后，将四位老人的计谋告诉吕后。吕后找了一个机会向刘邦哭诉，将四位老人指教的话讲给了刘邦。刘邦说："我想这个不争气的小子本来就不足以完成这项差事，老子我亲自去算了。"

于是，刘邦亲自领兵东征。刘邦率军出发时，留守长安的大臣们都到灞上为刘邦送行。当时张良正在生病，也勉强起来赶到曲邮（今陕西西安临潼东）拜见刘邦，对刘邦说："我本应该跟随皇上一起出征，无奈病重无法同行。楚地人迅猛剽悍，希望您不要同他们正面硬拼。"说罢，张良又趁机劝刘邦说："请您任命太子为统帅，让他监领节制关中的军队。"刘邦同意了，说："子房虽然生病，躺着也要努力辅佐太子。"

公元前195年，刘邦平定英布叛乱，回到长安。但是，刘邦在平叛的战斗中受了箭伤，回来后伤情加重，病中的刘邦更加想改立太子。张良得知刘邦还想改立太子，便去劝谏刘邦，但刘邦执意不听。太子太傅叔孙通也引用古今事例劝谏刘邦不要改立太子，甚至以死相争。刘邦表面上假装答应了叔孙通，但心中却仍

第十六章 明哲保身

然想改立太子。

这天,刘邦举行宴会,太子刘盈特意带着四位老人参加宴会。这四位老人当时年纪都有80多岁,须发皆白,衣冠奇伟。刘邦见到太子刘盈身边的四位形貌奇特的老人,感到惊异,便问身边的人道:"他们是干什么的?"四位老人上前拜见刘邦,各自说了姓名。

刘邦大为惊奇,对四位老人说:"我寻找你们多年,你们一直躲避我,现在你们怎么跟我的儿子在一起呢?"四位老人都说:"陛下轻侮士人,喜欢辱骂,我们义不受辱,所以惶恐不安躲藏起来。我们私下听说太子为人仁义孝顺,恭敬有礼喜爱士人,天下贤能的人都争着想为太子卖命,所以我们就来了。"刘邦大喜,对他们说:"麻烦你们好好调教保护太子。"

四位老人为刘邦敬酒祝寿,然后便告辞快步离去。刘邦目送四位老人离去,叫来戚夫人指着四位老人给她看,说:"我想换掉太子,但那四个人辅佐太子,太子的翅膀已经长硬了,难以动摇他的地位了。吕后真要做你的主人了。"

戚夫人听了,悲伤哭泣。刘邦安慰戚夫人说:"你为我跳楚地的舞蹈,我为你唱楚地的歌曲。"说罢,刘邦慷慨地唱道:"鸿鹄高飞,一飞千里。羽翼已成,横渡四海。横渡四海,当可奈何！虽有弓箭，还有何用！"刘邦一连唱了几遍，戚夫人在一旁默默流泪。刘邦唱完，起身离去。

此后，刘邦终于没有改立太子。

公元前195年四月，刘邦崩于长乐宫，享年62岁。葬于长陵（今陕西咸阳），谥号高皇帝，庙号太祖。五月，太子刘盈登基即位，是为汉惠帝，吕后升为皇太后。

张良依然过着闲云野鹤的生活，从来没向吕雉邀功。他潜心修行黄老之学，基本上脱离了世俗之人的视野，甚至还静居不食五谷近3年、足不出户近5年。

吕后很感激张良在关键时刻的帮助，她对张良说道："人生一世间，如白驹过隙，何至自苦如此乎？"在吕后的强迫下，张良又重食人间烟火，但他归隐出世的人生基调并没有改变。

公元前189年（另一说为公元前186年），一代谋圣张良病逝，谥号文成侯。

唐代大诗人李白《侠客行》中有两句诗：

事了拂衣去，深藏功与名。

这恰好是对张良之所以功德圆满的最好诠释。

第十七章 帝王之师

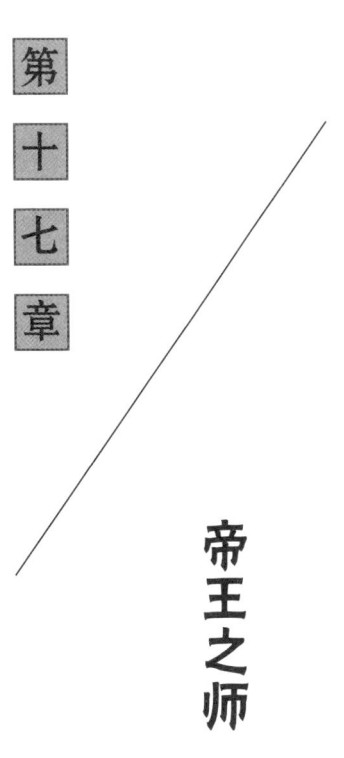

张良
——从复仇者到帝王师

北宋名臣范仲淹在《宋故乾州刺史张公神道碑铭》云:"五世食韩,并为正卿,厥生帝师,首造大汉。"这里的帝师,指的就是张良。

很显然,张良在后世人眼中,就是古代帝师群体中的典范人物。首先,张良学识渊博,兼收并蓄儒、道、兵、法等诸子文化,是一个国家战略大师;其次,张良对汉朝的建立做出了突出贡献,为刘邦提出了长期的、方向性的战略规划,奠定了两汉四百年的稳固基业;最后,张良明智地选择了功成身退,既保护了自己,也为后世的创业之臣指明了一条保全性命的道路。

帝师,也称帝王师、王者师,就是帝王的老师。先秦时期还没有皇帝之名,君主的最高称号是王,所以君主的老师被称为王者师。自秦始皇嬴政首创皇帝制度后,王者师也称帝者师、帝王师、帝师了。帝师是一种身份而不是一种具体的官职,这种身份历朝历代皆有,但是其具体官职和政治地位高低不一。

中国历史上有许多非常典型的帝师,诸如伊尹之于商汤、姜尚之于周武王、范蠡之于勾践、商鞅之于秦孝公、吕不韦之于秦

第十七章 帝王之师

王嬴政、张良之于刘邦、晁错之于汉景帝、诸葛亮之于刘备、荀彧之于曹操、王猛之于苻坚、刘伯温之于朱元璋、张居正之于明神宗,以及翁同龢、康有为之于光绪帝,等等。

帝师一般分为两种。一种是像张良这样的帝师,他们以辅佐帝王打天下或者守天下为职责,这种帝师往往同时也是国家战略顾问级别的军政型帝师。另一种是历史上少数民族政权所设的宗教神职。如十六国时期后赵的佛图澄、前秦的鸠摩罗什、西夏波罗显胜。特别是元朝时期,每逢新皇帝即位,新皇帝都需要跟从一个高僧受佛戒,然后就尊此僧为帝师。元朝的帝师兼领宣政院,负责管理全国的佛教和西藏地区的政教事务,如忽必烈以吐蕃高僧八思巴为大元帝师,授以玉印,统领佛教,八思巴圆寂后,忽必烈追谥他为"皇天之下、一人之上,开教宣文辅治、大圣至德、普觉真智、佑国如意、大宝法王、西天佛子、大元帝师"。帝师的法旨与皇帝诏令并行于西藏地区和内地寺院,此制度被后来元朝的各代帝王沿袭并成为定制。

军政型帝师可再细分为两类。一类是王业开创时期辅佐君主打天下的"创业型"帝师,如姜尚、张良、诸葛亮、王猛、刘基等;另一类是帝王守成、社会太平时期的帝师,他们属于儒家兴起后而设立的"师傅型"帝师,如西汉成帝时期的张禹就以帝师的身份高居丞相之位，深受汉成帝的尊重和礼遇。而历史上的这类人物亦是不胜枚举，仅两汉时期就有韦贤、萧望之、张禹、孔霸、桓荣、邓弘等。

在古代历史上，这种负责引导和教化帝王的"师傅型"帝师的数量占绝大多数。毕竟，以张良为典范代表的"创业型"帝师的成长难度更大，"含金量"更高。

帝师不是天生的，是一步步养成的。张良是战国末期典型的贵族公子出身，其家族世居韩国，先后辅佐五代韩王。在张良还年轻时，秦国攻灭了韩国，这对当时的张良而言，国破家亡的打击无异于天崩地裂。之后的张良广散家财、招揽宾客，一心要报家国之仇，于是就有了博浪沙惊天一击，可惜只击中秦始皇的备用马车，秦始皇毫发无伤，而张良只好隐姓埋名潜伏在下邳。

流亡下邳是张良人生的重大转折点，因为这段经历使他的视野由贵族层面转向平民层面。

贵族是社会中不劳而获的一小部分人，他们衣食无忧，目光所及多是旧体制的甜头，基本没有主动改革的动力。而平民为了求生存、谋发展，总是在寻找社会不公平的原因，希望找到改变现状的方法，其真知灼见往往由此而生。

张良在下邳的10年，既是张良将自己的个人命运融入社会

第十七章 帝王之师

大众命运的 10 年，使他狭隘的贵族视野变换成更加广阔的社会视野；也是他仔细观察社会发展形势、判断历史前进方向、精通人情世故以及积累起深厚政治军事经验的黄金 10 年，因为社会就是一个大课堂。

在隐匿下邳城的 10 年中，张良的性格发生了重大转变，其契机就是在圯桥上遇见神秘的黄石公。黄石公将《太公兵法》传授给张良："读此，则为王者师矣，后十年兴。"

在这个戏剧性的故事情节中，张良从一开始的强忍不忿到最后的虚心接受。黄石公的本意不仅是为了传授给张良《太公兵法》一书，更在于把他锤炼成像伊尹、姜尚等一流大战略家所需要的心理素养。在这方面，张良通过礼遇"无理取闹"的黄石公而得到了最关键的锻炼。苏轼曾分析说："夫老人者，以为子房才有余，而忧其度量之不足，故深折其少年刚锐之气，使之忍小忿而就大谋。"意思是，黄石公认为张良才华有余，只是担心他气量不足。所以黄石公故意通过无理取闹的方式来磨损张良的少年锐气，以此告诫张良务必要容忍小事来成就大事。

诚然，作为一位帝师级的战略家，张良需要既能积极地入世建功立业、仗义执言；又能审时度势、急流勇退，因而张良在思想上就需要儒道互补，其交汇点就在"持忍"二字。

古人讲究修身养性，有持容、持忍、持默、持谦的"四持"之说。所谓"持忍"即"自我把持、忍耐"。子曰："小不忍则乱大谋。"《论语·义疏》云："人须容忍则大事乃成；若不能忍小，则大事之谋乱也。"

黄石公让张良替他穿鞋就是为了锤炼张良的"持忍"力。

"圯上授书"之后，张良逐渐成长为一个善于"持忍"的战略大师。特别是遇见刘邦之后，这对师徒君臣组合，书写了一篇篇浓墨重彩的历史传奇。粗略梳理《史记·留侯列传》，可为张良总结九大功绩。

一是献计先入秦。二是鸿门护刘邦。三是烧栈释疑心。四是荐将定天下。五是画策阻分封。六是封王稳韩信。七是诱将围项羽。八是封仇释叛心。九是妙计保太子。

张良这些既保存自身实力，又麻痹对手的谋略，无不体现了"持忍"精神。而刘邦采用张良的计策也常常是无往不胜，最终刘邦在张良的辅佐下得以一统天下，创立大汉王朝。这里要解释的是，虽然张良与陈平同为刘邦谋士，但两人谋略大相径庭，陈平并不是刘邦帝师。如果说陈平之谋是对具体问题的具体办法，张良之谋则更偏重于战略性和整体性。从刘邦评价张良"夫运筹帷幄之中，决胜千里之外，吾不如子房"能看得出，刘邦对张良

第十七章 帝王之师

是十分欣赏和尊敬的,也许他觉得张良是唯一能够站在与他同等高度进行对话的人。

古代士大夫群体往往有着浓厚的帝王师情结,那种"上致君于尧舜,下救民出水火"的宏伟理想在历史的长河中绵延不绝。然而,就帝师的人生结局而言,往往是善始的多,善终的少,如汉元帝曾任命自己的老师萧望之为朝中大臣,但后来又听信宦官的谗言将萧望之下狱,致其狱中羞愤自杀;又如北宋大儒程颐的著作被其学生宋哲宗所禁;明朝首辅大学士张居正也在死后被学生神宗皇帝削籍抄家,家况凄惨。

历史上赫赫有名的帝师刘伯温号称"开创之功不减子房,道术亦相类",可是却"末节不及"。所谓"末节不及"就是指刘基的人生结局并不完美,这与张良的隐于朝市、全身而退、善始善终相比,高下立判。张良作为帝师,其"谢幕"与其"出山"同样精彩,一直被后人视为典范。

张良的思想虽是儒、道、兵、法等诸子思想的大结合,但与其美好的人生结局相关的,主要还是道家思想。老子说:"功成名遂,身退,天之道。"老子并非是无病呻吟,而是有着深刻的现实关怀蕴藏其中。

从战国以后,官僚制社会逐渐成型并不断强化,"道"与

"势"的冲突就如影随形、并驾而至。那些草莽英雄在夺取天下的时候，往往对士大夫的态度是谦卑的、身段是柔软的、言语是温和的、赏赐是优渥的，因为他们唯恐那些士大夫不为他尽心效力。可一旦天下大局已定、王朝建立、皇权独揽时，韩非子所说的那种"狡兔尽则良犬烹，敌国灭则谋臣亡"的场景就反复出现。当初打天下时，越杰出的大臣越会被视为新政权的巨大威胁，更何况是聪明无比的帝王师呢，正所谓"功高震主"。

韩信是鸟尽弓藏、兔死狗烹的典型人物。以韩信为代表的功臣之所以会在王朝建立之后惨遭屠杀，其主要原因就是他们的聪明才智和政治威望对皇帝和政权而言是一个巨大的隐患。

张良人情练达，当然心知肚明。他曾经委婉地告诉刘邦，自己的人生目标是有限的，即复仇秦国。现在既然借刘邦之手完成了人生目标，那么我"愿弃人间事，欲从赤松子游耳"。

伴君如伴虎，皇帝（王）诛杀功臣这种场景，在中国古代历史舞台上屡次上演。先秦的吴起、范蠡之流，只能奔逃异国。自秦汉帝国相继建立之后，帝王管制臣民的绳索就越勒越紧，"普天之下，莫非王土"，在这种社会管制下，那些被皇帝猜疑的功臣往往是无处可逃的。

回望历史，谋勇兼具、立有大功的功臣数不胜数，然而功高

第十七章 帝王之师

不遭人嫉恨、得以寿终正寝的却寥寥无几，谋臣的血泪，勇将的哀伤将一部中国史浸染得斑驳殷红，帝王大事已成后"屠功狗"之悲剧史不绝书。难怪有人感叹："自古美人如名将，不许人间见白头！"

"功高不震主"的张良为后来的开国功臣们树立了一个榜样，为知识精英们找到了一条生存之路。这条路就是"朝隐"，所谓"朝隐"就是指虽非远遁山林，却不问世事，甘心当个"朝中隐士"。

张良以"朝隐"的方式最终得以善终！

张良是刘邦麾下唯一辞官隐居的开国功臣，他由帝王之师变为方外之士，是真正具有隐士品格的人物。

人们常说古代隐士之"隐"有真假之分。儒家讲，"达则兼济天下"，乐于在庙堂之上谋划军国大计，以求君臣配合，教化百姓；"穷则独善其身"，乐于弹琴瑟而入于幽林，仍然"养吾浩然之气"。所以儒家本质上是主张"入世"的，其隐乃是假隐也。

道家之隐则与之截然相反，道家之隐讲究顺应天道，在心不在身。庄子云："世无以兴乎道，虽圣人不在山林之中，其德隐矣。隐，故不自隐。古之所谓隐士者，非伏其身而弗见也，非闭其言而不出也，非藏其知而不发也，时命大谬也。"意思是，所谓隐士，虽身在社会，但心离人间，心隐而身不隐。他们不是刻意自藏于山林，而是混迹于人间。这既是庄子式的隐，也是张良式的"朝隐"，他们虽身在朝中，却心藏山林，此是真隐也。于是，张良就以真隐而得以善始善终、安享晚年。

第十八章 后世影响

张良
——从复仇者到帝王师

一、历朝历代的地位评价

张良是中国历史上著名的谋略家、军事家,他一生奇计百出,算无遗策,被后世称为"谋圣",后世有不少杰出谋臣都愿意和他作比较,要么是自比张良,如"十六国第一谋士"张宾、北魏军事谋略家崔浩,要么被其主公赞其为"吾之子房也",如曹操第一谋士荀彧、朱元璋的大谋士刘基。甚至在民间,张良成为智者的代名词,如"你有张良计,我有过墙梯"这个谚语。"张良计"是说张良足智多谋,办法很多;"过墙梯"是鲁班发明的攻城器械,非常管用。

后世常常把张良和姜太公放在一起,并称为"兴周八百年的姜子牙,旺汉四百载的张子房",为历代帝王所推崇。

公元731年,创造了"开元盛世"的唐玄宗李隆基,为纪念显赫武功,表彰并祭祀历代名将,设置了姜太公庙,以周朝开国军师姜子牙为主祭,以汉朝留侯张良为副祀,唐玄宗还特意挑选出古代十位最厉害的名将,分别列于姜子牙坐像的左右两侧,一

第十八章 后世影响

同享受祭祀。

武庙左列：秦武安君白起、汉淮阴侯韩信、蜀汉丞相诸葛亮、唐尚书右仆射卫国公李靖、司空英国公李勣。

武庙右列：汉太子少傅张良、齐大司马田穰苴、吴将军孙武、魏西河郡守吴起、燕昌国君乐毅。

到公元760年，唐肃宗尊姜子牙为武成王，姜太公庙更名为武成王庙，简称武庙，祭祀典礼与祭祀孔子相同。武成王升格成圣，留侯自然成为亚圣。武庙中的十位名将，也就被尊称为"武庙十哲"。

所谓"十哲"，即十位最优秀的弟子，最初是用来形容孔子门下的十位优秀弟子。"武庙十哲"是朝廷认可的唐代以前中国最杰出的军事家。

公元782年，武庙增加祭祀古今名将六十四人。

公元1123年，对武庙的祭祀名单又有调整，共有历代名将七十二人，仍以张良配享。分成殿上十人及两庑六十二人两组，虽无十哲之名，仍有其实。名单如下：

一档：张良。

二档：管仲、孙武、乐毅、诸葛亮、李勣；田穰苴、范蠡、韩信、李靖、郭子仪。

三档：白起、孙膑、廉颇、李牧、曹参、周勃、李广、霍去病、邓禹、冯异、吴汉、马援、皇甫嵩、邓艾、张飞、吕蒙、陆抗、杜预、陶侃、慕容恪、宇文宪、韦孝宽、杨素、贺若弼、李孝恭、苏定方、王孝杰、王晙、李光弼；吴起、田单、赵奢、王翦、彭越、周亚夫、卫青、赵充国、寇恂、贾复、耿弇、段颎、张辽、关羽、周瑜、陆逊、羊祜、王浚、谢玄、王猛、王镇恶、斛律光、王僧辩、于谨、吴明彻、韩擒虎、史万岁、尉迟敬德、裴行俭、张仁愿、郭元振、李晟。

北宋年间成书的《十七史百将传》中，张良位列其中。

公元1388年，明太祖取古今功臣三十七人配享历代帝王庙，其中有张良。

清朝康熙年间，遵循明朝旧例，取古今功臣四十一人配享历代帝王庙，其中有张良。

二、后世诗人的咏怀赞美

自汉代以来，张良富有传奇色彩的人生经历就为历代文人所赞美，他那孺子可教、不昧名利、功成身退、辟谷求道的隐士形象被厌倦政治的文人和有隐退之意的政客所追捧，出现许多咏怀

第十八章　后世影响

张良的诗文，主要内容表现在四个方面：

博浪飞椎胆气豪

青年时代的张良，满怀国恨家仇和报国复韩的雄心，不顾弟弟的丧葬，悉散家财，访求刺客，后访得沧海力士，以锤击秦始皇于博浪沙（位于今河南原阳县），误中副车。秦始皇下令大索天下，张良逃亡。

对于金锤报韩的壮举，历代诗人都是称道的。"初唐四杰"之一的骆宾王《咏怀》"宝剑思存楚，金锤许报韩"，以张良自况，表明匡复唐室帝业之志。

李白《送张秀才谒高中丞》"壮士挥金椎，报仇六国闻"，称张良是为国复仇的壮士。

南宋著名爱国诗人文天祥在《正气歌》中写道"天地有正气，杂然赋流形"，这种正气赋之于人，就是浩然之气。他列举历史上十二位忠义之士的壮烈事迹，其中就包括"在秦张良椎"。

元代诗人陈孚曾写《七绝·博浪沙》，描写张良以铁锤狙击秦始皇的故事："一击车中胆气豪，祖龙社稷已惊摇。如何十二金人外，犹有民间铁未销？"前两句是赞美张良的勇猛豪气。后两句是说秦始皇怕人民造反，下令尽收天下兵器，铸成十二金人放在咸阳，既然天下兵器都被没收去铸造金人了，为何民间还有未被销毁的铁锤呢？这首诗讥讽了秦始皇以高压手段控制人民，枉费心机。

清初诗人张慎作《博浪沙》"一椎才脱手，山河欲动摇"，写出了锤秦事件对暴秦政权的沉重打击，笔墨酣畅，赞美之情跃然纸上。

清代诗人潘业写过一首题为《博浪锤图》的七绝："孺子报韩志已奇，天涯更有莽男儿。纵然不尽祖龙寿，也是从来第一椎。"热情赞颂了张良的奇志豪情，高度评价了"第一椎"在反秦斗争中的重要地位。这首七绝与陈孚的七绝有异曲同工之妙。

圯上受书成大器

张良锤击秦始皇未遂，被悬榜通缉，就隐姓埋名，逃匿于下邳。张良在圯上遇黄石公，因此才有了圯桥进履、圯上受书的典故，这个故事在史书中记载得有声有色。张良得《太公兵法》后，日夜研习兵书，俯仰天下大事，终于成为一个娴熟兵法、足智多谋的帝师。

对于张良圯上受书的故事，历代诗人多以仰慕的心情称颂。如晚唐诗人温庭筠《简同志》有诗"留侯功业何容易，一卷兵书作帝师"，称张良是得力于黄石公授书才建功立业封侯的。

唐代大诗人李白写过一首《经下邳圯桥怀张子房》的古风：

第十八章　后世影响

"子房未虎啸,破产不为家。沧海得壮士,椎秦博浪沙。报韩虽不成,天地皆振动。潜匿游下邳,岂曰非智勇。我来圯桥上,怀古钦英风。唯见碧流水,曾无黄石公。叹息此人去,萧条徐泗空。"这首怀古诗饱含钦慕之情,颂扬张良的智勇豪侠,又暗寓诗人的身世感慨。

运筹帷幄做帝师

陈胜、吴广在大泽乡揭竿而起后,各地反秦武装斗争风起云涌。张良感到身单势孤,难以立足,就带着队伍投奔刘邦。从此,张良深受刘邦器重和信任,得到了充分发挥聪明才智的机会。刘邦灭项羽后,封张良为留侯,并赞其"运筹帷幄帐中,决胜千里外,子房功也"。

历代诗人咏张良的作品中,都热情讴歌了他在反秦兴汉中的功绩。宋代诗人陈荐《子房庙》"风云知略移秦鼎,星斗功名启汉图",以"移秦鼎""启汉图"这样鲜明生动的形象描述张良的贡献。元末明初诗人王逢《咏留侯小像》"汉高三尺剑,子房三寸舌。刚柔两相济,秦降楚随灭",描写刘邦与张良君臣遇合、相辅相成的故事,说明刘邦善于识人用人,终于夺取天下。

北宋大诗人王安石咏《张良》诗:"留侯美好如妇人,五世相韩韩入秦。倾家为主合壮士,博浪沙中击秦帝。脱身下邳世不

张良
——从复仇者到帝王师

知,举国大索何能为?素书一卷天与之,谷城黄石非吾师。固陵解鞍聊出口,捕取项羽如婴儿。从来四皓招不得,为我立弃商山芝。洛阳贾谊才能薄,扰扰空令绛灌疑。"

王安石这首诗是宋人以文为诗、以议论入诗的典型之作。这首叙述了张良的身世和刺秦壮举,重点描写了张良在兴汉中的功绩。公元前202年,刘邦追项羽于阳夏(今河南太康)南,与韩信、彭越约定共击楚军,而信、越兵不至,楚击汉军,刘邦退守固陵,形势万分危急,遂用张良计,许韩信、彭越封地,信、越遂出兵,大败楚军。"解鞍聊出口"形容张良从容不迫而出奇制胜;"捕取项羽如婴儿"是用夸张的手法,将项羽这位叱咤风云的英雄比作小儿,表现出诗人对张良的极度推崇。"从来"两句表现了汉朝一统后张良的非凡才智。汉高祖晚年欲废太子,立戚夫人之子赵王如意。吕后惊恐,求教于张良。张良教太子召商山四皓入辅。四皓侍太子见刘邦,刘邦曰"羽翼成矣",遂罢废太子议。诗的结句是以贾谊作反衬,烘托张良的才智绝伦。

王安石还有一首七绝:"汉业兴亡俯仰中,留侯当此每从容。固陵始议韩彭地,复道方图雍齿封。"着重赞颂了张良"谏封雍齿"的智慧。

第十八章　后世影响

功成勇退真豪杰

张良辅佐刘邦平定天下后，便淡出政坛，隐居山林。这种视富贵如浮云的态度，使他成为汉高祖功臣中极少数不受怀疑而得善终的大功臣。

对于张良功成身退的行为，历代大多数诗人是认同、仰慕、赞许甚至是效仿的。唐代诗人司空图《偶作》"留侯万户虽无分，病骨应消一片山"，将自己归隐中条山比作张良辞官远遁。元代散曲家白朴《中吕·阳春曲》"张良辞官全身计，范蠡归湖远害机"，说明张良辞官的目的是"全身""远害"。明代著名散文家归有光这样评价张良："汉之天下已定矣，子房不受万户之封，愿从赤松子游。独其为道恬澹，薄视人世之功名，而有飘然远举之志耳。"清代诗人王泽宏《留坝留侯祠》"身退拂衣还辟谷，神仙原是帝王师"，另一位清代诗人吴淇《张子房》"勋高薄受赏，千载仰高风"，对张良功成不居、辞官归隐作了高度评价。

爱国将领冯玉祥将军对张良情有独钟，一生先后三次拜谒陕西紫柏山留侯祠，每次都欣然提笔，题联纪念："豪杰今安在，看青山不老，紫柏长芳，想那志士忠臣，千载犹存凭吊所；神仙古来稀，设黄石重逢，赤松再遇，得此洞天福地，一生愿作逍遥游。"冯玉祥这副楹联写于 1915 年，时年 33 岁。当时冯玉祥率部由西安至汉中，凭吊胜迹，触景生情，遂撰联表达对张良的仰慕和个人的抱负。

三、当代社会的人生启示

张良的一生，是坎坷、奋进、发达、淡泊、平安交织的一生，他一生奋斗，一生平淡，功及王侯，急流勇退。他的一生，给后人留下了许多值得深思的话题，留下了一些做人的启示。

张良有勇于担当精神

一个人对国家民族的责任就是勇于担当。当国亡家破之际，20多岁的张良，毅然舍家财、聚人马，以图反秦复国，这就是张良对国家的责任担当。近代以来，先进的中国人为挽救民族危亡，实现民族独立和国家富强，前赴后继地进行了艰苦卓绝的斗争，这也是对国家的责任担当。我们这一代人，应当胸怀祖国和人民，勇担社会责任，自觉听党话、跟党走，把人生志向转化为奋斗动力，积极投身于社会主义伟大建设，耐得住寂寞，经得住风雨，勇敢战胜前进道路上的一切困难。这是张良给我们留下的启示。

第十八章　后世影响

张良有学以致用精神

古人常说，学而不厌，诲人不倦。诸葛亮在《诫子书》中说："才须学也，非学无以广才，非志无以成学。"我们看出，张良是一个虚心敬老、俯首听训、积极钻研、废寝忘食的人。他能够辅佐刘邦建功立业，首先是虚心学习充实自己的结果。试想，如果当初张良拿到兵书后，束之高阁不去攻读钻研，能有后来的成就吗？张良不仅有学习精神和学习态度，而且能够学以致用、活学活用，学到的兵法谋略后为国家为社会出力，这才是学习的目的，这方面张良给我们作出了范例。

张良有善于思考精神

古人常说："三思而后行。"张良能凭三寸不烂之舌，"运筹帷幄之中，决胜千里之外"，没有深思熟虑是办不到的。张良送刘邦入汉中，沿途观察地势，善于思考，提出了韬光养晦、火烧栈道的计策，消除了项羽的疑心。鸿门宴时，刘项军力对比悬殊，刘邦惶恐不知所措，项伯劝张良逃命。张良经过冷静思考，想出了办法，做了周密部署，使刘邦安全还军灞上。张良的经验启示我们，工作上遇到挫折碰壁，不能失去信心，要保持积极心态，善于思考总结，找到恰当的工作节奏和解决问题的方法。

张良
——从复仇者到帝王师

张良有知人善任精神

"知人善任"是历史上乃至今天的用人政策，张良为我们作出了榜样。在对待雍齿的问题上，张良劝刘邦把自己最恨的雍齿封为列侯，就这一招使得人心大定，化解了一场危机。我们学习张良的"知人善任"，就是要懂得"金无足赤，人无完人"的道理，对人才要有深刻正确的认识和了解，善于放大优点、包容短处，做到扬长避短、用人不疑，善于变消极因素为积极因素，让人才的短处也能闪光，把各类优秀人才凝聚到党领导的伟大事业中来。

张良有淡泊名利精神

"一个人的性格就是他的命运。"这是古希腊哲人赫拉克利特的经典之句。性格决定了一个人的生活方式，甚至会决定一个人的命运。韩信、彭越、英布，这些曾经决定天下走向的大将，却因为把名利看得太重，最终倒在了权力的车轮下。相比韩信等人的悲惨下场，张良的人生则充满了智慧的光辉。虽然他为大汉的建立做出了巨大的贡献，但他淡泊名利，不贪恋权位，在众臣争功之际，张良不但拒受万户侯，而且选择深居简出，功成身退，以优雅的转身淡出了世人的视野，逍遥自在地度过了余生，成就了自己完美的结局。

第十八章　后世影响

纵观张良的一生，有喜有悲，有起有落，但他能不以喜而忘形，不以悲而苟生，起而不骄，落而不馁，好学而有担当，功高而不盖主，心存家国，忠于社稷，志得意满，急流勇退，可谓全矣。

附 录

张良年谱

约公元前250年,张良出生。

公元前230年,秦灭韩,张良国破家亡。

公元前218年,张良在博浪沙刺杀秦始皇。

公元前217年,张良避难亡匿下邳。

公元前216年,张良遇黄石公。

公元前209年,张良参加反秦起义。

公元前208年,张良遇到刘邦,恢复韩国。

公元前207年,张良助刘邦西征灭秦。

公元前206年,张良在鸿门宴助刘邦脱身;同年,建议刘邦火烧栈道。

公元前205年,刘邦在彭城惨败,张良下邑之谋。

公元前204年,张良劝阻刘邦分封六国后代。

公元前 203 年，张良劝刘邦封韩信为齐王。

公元前 202 年，张良建议刘邦追击并彻底消灭项羽；同年，劝谏刘邦定都关中。

公元前 201 年，张良受封为留侯，建议刘邦封雍齿。

公元前 200 年，张良隐居。

公元前 197 年，张良提出请商山四皓之计。

公元前 196 年，张良助高祖平叛英布。

公元前 195 年，张良担任少傅，辅佐太子刘盈。

公元前 189 年（另一说为公元前 186 年），张良去世。

后 记

这本小书终于完稿了！首先要感谢北方国家版权交易中心的赵维宁先生，由于我工作中琐事缠身，致使本书的完稿时间一拖再拖，影响了整套书的出版进度，赵维宁先生以极大的热心和耐心，对本书的编写给予了很多鼓励、督促。其次要慰问我自己，因为整个书稿的创作编写，没有占用一点儿工作时间，完全是利用节假日、周末和晚上的时间，特别是催稿期间，每天晚上都要写到后半夜，白天还要处理琐碎的本职工作。最后感谢我的爱人王芳女士，她一直支持我的工作和写作，默默承担了照顾家庭的重任，付出了很多辛苦。此外，本书在编写中借鉴、参阅和引用了大量的图书、文献和资料，从中得到不少启发和感悟。正是得益于前辈研究者的劳动成果，才使本书有了许多翔实的例证，因为篇幅所限，不能一一列出，在此向相关专家、学者以及历史研究者表示最诚挚的谢意。由于笔者水平有限，成书仓促，书中错误之处在所难免，加之文笔粗陋，敬请读者批评斧正！